CLÁSSICOS GREGOS E LATINOS

Rio profundo, os padrões e valores da cultura greco-latina estão subjacentes ao pensar e sentir do mundo hodierno. Modelaram a Europa, primeiro, e enformam hoje a cultura ocidental, do ponto de vista literário, artístico, científico, filosófico e mesmo político. Daí poder dizer-se que, em muitos aspectos, em especial no campo das actividades intelectuais e espirituais, a nossa cultura é, de certo modo, a continuação da dos Gregos e Romanos. Se outros factores contribuíram para a sua formação, a influência dos ideais e valores desses dois povos é preponderante e decisiva. Não conseguimos hoje estudar e compreender plenamente a cultura do mundo ocidental, ao longo dos tempos, sem o conhecimento dos textos que a Grécia e Roma nos legaram. É esse o objectivo desta colecção: dar ao público de língua portuguesa, em traduções cuidadas e no máximo fiéis, as obras dos autores gregos e latinos que, sobrepondo-se aos condicionalismos do tempo e, quantas vezes, aos acasos da transmissão, chegaram até nós.

CLÁSSICOS GREGOS E LATINOS

Colecção elaborada sob supervisão
do Instituto de Estudos Clássicos da Faculdade de Letras
da Universidade de Coimbra
com a colaboração
da Associação Portuguesa de Estudos Clássicos

TÍTULOS PUBLICADOS

1. AS AVES de Aristófanes
2. LAQUES de Platão
3. AS CATILINÁRIAS de Cícero
4. ORESTEIA de Ésquilo
5. REI ÉDIPO de Sófocles
6. O BANQUETE de Platão
7. PROMETEU AGRILHOADO de Ésquilo
8. GÓRGIAS de Platão
9. AS BACANTES de Eurípedes
10. ANFITRIÃO de Plauto
11. HISTÓRIAS – Livro I, de Heróidoto
12. O ENUCO de Terêncio
13. AS TROIANAS de Eurípedes
14. AS RÃS de Aristófanes
15. HISTÓRIAS de Livro III, de Heródoto
16. APOLOGIA DE SÓCRATES • CRÍTON de Platão
17. FEDRO de Platão
18. PERSAS de Ésquilo
19. FORMIÃO de Terêncio
20. EPÍDICO de Plauto
21. HÍPIAS MENOR de Platão
22. A COMÉDIA DA MARMITA de Plauto
23. EPIGRAMAS de Marcial
24. HÍPIAS MAIOR de Platão
25. HISTÓRIAS - Livro 6º de Heródoto

HISTÓRIAS
livro 6º

© desta edição:
José Ribeiro Ferreira, Delfim Ferreira Leão e Edições 70, 2000

Capa do Departamento Gráfico de Edições 70
Athena Lemnia, de Fídias
Desenho de Louro Fonseca a partir de uma cópia romana

Depósito legal n.º 84760/94

ISBN 972 - 44 - 1015 - 3

EDIÇÕES 70, LDA.
Rua Luciano Cordeiro, 123 - 2.º Esq.º – 1069-157 LISBOA / Portugal
Telefs: 21 3190240
Fax: 21 3190249

Esta obra está protegida pela lei. Não pode ser reproduzida no todo ou em parte, qualquer que seja o modo utilizado, incluindo fotocópia e xerocópia, sem prévia autorização do Editor. Qualquer transgressão à lei dos Direitos do Autor será passível de procedimento judicial.

HERÓDOTO

HISTÓRIAS
livro 6º

Introdução, versão do grego e notas de
José Ribeiro Ferreira e Delfim Ferreira Leão
Professores da Faculdade de Letras da Universidade de Coimbra

PREFÁCIO

Publicados os Livros 1 e 3 das *Histórias* de Heródoto, sai agora o 6, preparado por José Ribeiro Ferreira e Delfim Ferreira Leão, ambos professores do Instituto de Estudos Clássicos da Faculdade de Letras da Universidade de Coimbra. Em breve se lhe seguirão o 4 e o 8.

A tradução comentada que agora se apresenta é uma obra de colaboração, mas na sua preparação, acabámos por dividir tarefas por facilidade de trabalho. Assim José Ribeiro Ferreira encarregou-se das alíneas "Resumo-esquema" e "A Batalha de Maratona e sua utilização política" da Introdução e dos capítulos 1-42 da tradução; a análise do oráculo de Apolo em Delfos no Livro 6 e a versão dos capítulos 43-140 ficaram a cargo de Delfim Ferreira Leão.

Como texto base, adoptámos o da edição teubneriana, de H. B. Rosén, com algumas excepções que vão referidas em nota.

Aos colegas e amigos que nos ajudaram e nos apoiaram – com sugestões, com indicações bibliográficas – um obrigado muito sincero.

ABREVIATURAS

Nenci = G. Nenci, *Erodoto: Le Storie*. VI- *La battaglia di Maratona* (Milano, Fondazione Lorenzo Valla, 1998)
FGrHist = *Die Fragmente der griechischen Historiker*. Ed. Jacoby, Leiden, 1963
Gomme, *HCT* = A. W. Gomme, A. Andrewes and K. J. Dover, *A history commentary on Thucydides* I-IV, Oxford, 1944-1981
How-Wells = W. W. How and J. Wells, *A commentary on Herodotus* (2 vols.), Oxford, 1912, repr. 1967
IG = *Inscriptiones Graecae*, Berlin, 1873
Legrand = Ph.-E. Legrand, *Hérodote*, Paris, Les Belles Leures, II vols. reimpr. 1932-1954
Parker, *Miasma* = R. Parker, *Miasma. Pollution and purification in early Greek religion*, Oxford, 1983
RE = Pauly-Wissowa-Kroll (edd.), *Real-Encyclopaedie der classischen Altertumswissenschaft*, Stuttgart, 1894
Rhodes, *A commentary* = P. J. Rhodes, *A commentary on the Aristotelian **Athenaion politeia***, Oxford, 1981, repr. 1985

AC =	*L'Antiquité Classique*
AJPh =	*American Journal of Philology*
ASNP =	*Annali della Scuola Normale Superiore di Pisa*
BICS =	*Bulletin of the Institute of Classical Studies, University of London*
CJ =	*The Classical Journal*
C&M =	*Classica et Mediaevalia*
CPh =	*Classical Philology*
CQ =	*Classical Quarterly*
CSCA =	*California Studies in Classical Antiquity*
G&R =	*Greece and Rome*

GRBS = *Greek, Roman and Byzantine Studies*
HSCP = *Harvard Studies in Classical Philology*
JHS = *Journal of Hellenic Studies*
MH = *Museum Helveticum*
pp = *La Parola del Passato*
QUCC = *Quaderni Urbinati di Cultura Classica*
REA = *Revue des Études Anciennes*
REG = *Revue des Études Grecques*
RFIC= *Rivista di Filologia e Istruzione Classica*
SO = *Symbolae Osloenses*
TAPhA = *Transactions of the American Philological Association*
YCIS = *Yale Classical Studies*
ZPE = *Zeitschrift für Papyrologie und Epigraphik*

BIBLIOGRAFIA GERAL SELECTA

(Edições e comentários citam-se, ao longo do livro, apenas pelo nome)

Edições

– HUDE, C., *Herodoti Historiae* 1-11 (Oxford, ³1927), rep. 1962
– LEGRAND, Ph.-E., *Hérodote. Histoires. Livre VI* – Érato (Paris, 1948)
– ROSÉN, H. B., *Herodoti Historiae*, vol. II Libros V-IX continens (Stuttgart, 1997)
   (Edição base, salvo raras excepções, referidas em nota.)

Comentários

– HOW, W. W., & WELLS, J., *A commentary on Herodotus* (Oxford, 1912) rep. 1968
– MACAN, Reginald Walter, *Herodotus* (New York, 1895) rep. 1973
– NENCI, Giuseppe, *Erodoto. Le storie. Libro VI – La battaglia di Maratona* (Milano, 1998)
– SHUCKBURGH, E. S., *Herodotos VI – Erato* (Cambridge, 1889) rep. 1965

Bibliografia

– AVERY, Harry C., "The number of Persian dead at Marathon", *Historia* 22 (1973) 757.
– BURKERT, Walter, *Ancient mystery cults*, trad. port. *Antigos cultos de mistério* (São Paulo, 1992)

- CRAHAY, R., *La littérature oraculaire chez Hérodote* (Paris, 1956)
- DEUBNER, Ludwig, *Attische Feste* (Berlin, 1956)
- EVANS, J. A. S., "Herodotus and the battle of Marathon", *Historia* 42 (1993) 279 -307.
- FESTUGIÈRE, A. J., *Personal religion among the Greeks* (Berkeley, 1954)
- FONTENROSE, Joseph, *The Delphic oracle* (Berkeley, 1978)
- HAMMOND, N. G. L., "The expedition of Datis and Artaphemes", in *The Cambridge ancient history*. Vol. IV, ed. J. Boardman, N. G. L. Hammond, D. M. Lewis, M. Ostwald (Cambridge, 1988) 491-517.
- HOOKER, J. T., *The ancient Spartans* (London, 1980)
- HURST, A., "La prise d' Érétrie chez Hérodote, VI. 100-101", *Museum Helveticum* 35 (1978) 202-211.
- KIRCHBERG, Jutta, *Die Funktion der Orakel im Werke Herodots* (Göttingen, 1965)
- MCCULLOCH, Harold Y., Jr., "Herodotus, Marathon, and Athens", *Symbolae Osloenses* 57 (1982) 35-55.
- NILSSON, Martin P., *Greek folk religion* (Philadelphia, 1940) rep. 1972
- NILSSON, Martin P., *Grekisk Religiositet*, trad. esp. *Historia de la religiosidad griega* (Madrid, 1953)
- PARKE, H. W., *Festivals of the Athenians* (London, 1977)
- PARKE, H. W., *Greek oracles* (London, 1967)
- PARKE, H. W. & WORMELL, D. E. W., *The Delphic oracle*. II vols. (Oxford, 1956)
- PARKER, Robert, *Miasma. Pollution and purification in early Greek religion* (Oxford, 1990)
- ROUX, Georges, *Delphes. Son oracle et ses dieux* (Paris, 1976)
- WYATT, William F., Jr., "Persian dead at Marathon", *Historia* 25 (1976) 483-84.

INTRODUÇÃO

1 - Resumo-esquema

O Livro Sexto das *Histórias* de Heródoto não apresenta os grandes frescos antropológicos dos primeiros livros nem a longa guerra da revolta iónica que agora chega ao fim. Com o seu ponto culminante na Batalha de Maratona, vai concentrar-se nos poucos anos que vão do fim da revolta iónica à expedição de Mardónio e Dátis ou primeira invasão persa da Grécia, ou seja os anos de 494 a 490 a. C.

A data da sua composição deve ser anterior aos Livros VII e VIII, pois, segundo Kurt von Fritz, não têm fundamento os argumentos de Bauer e Macan destinados a provar a posteridade da composição dos Livros IV-VI em relação à dos VII-VIII. Pelo contrário, há até indícios de que estes últimos são posteriores ao VI[1].

Mas parece-me conveniente começar por um resumo-esquema do livro, cujo arco temporal dos acontecimentos, se exceptuarmos as séries genealógicas, não ultrapassa três gerações. O fim da revolta iónia e nova diáspora dos seus habitantes ocupam os caps. 1-42, com o regresso de Histieu à Iónia e seu encontro com Artafernes (cap. 1); suas intrigas em Quios e em Sardes (caps. 2-4); com a recusa dos Milésios em recebê--lo de novo e sua partida para o Bósforo, onde se dedica à pirataria (cap. 5). Reunidos pelos Persas numerosos efectivos contra Mileto (cap. 6), os Iónios decidem enfrentá-los numa batalha naval, a Batalha de Lade (caps. 7-17), com a narração de Heródoto a iniciar-se pela descrição da ordenação das forças dos Iónios (caps. 8); a demorar-se nas tentativas dos Persas em induzir alguns Iónios à deserção e bons resultados dessas

---

[1] Vide G. Nenci, *Erodoto, Le Storie* VI, p. XI.

diligências, face ao treino duro a que Dionísio de Foceia os submetia (caps. 9-13); e a concluir, como consequência dessa deserção, com a pesada derrota dos Iónios (caps. 14-17).

Na sequência da batalha, os Persas conquistam Mileto e escravizam os seus habitantes – acontecimentos cuja notícia provoca em Atenas uma reacção emocional e intensa (caps. 18-21); os Sâmios emigram para a Sicília (caps. 22-25); Histieu é capturado e morto (caps. 26-30); e dá-se a submissão definitiva da Iónia com as conquistas persas das ilhas e do Helesponto (caps. 31-33).

Numa espécie de prólogo à segunda parte do Livro, o historiador faz uma digressão sobre a presença de Milcíades, o Antigo, e seus sucessores no Quersoneso (caps. 34-41). E, como se fora um epílogo à revolta iónica, o cap. 42 alude à reorganização administrativa e tributária da Iónia pelos Persas.

Os capítulos 43-140 vão-nos narrar a primeira Guerra Medo-Persa. Se a primeira expedição persa contra a Grécia, chefiada por Mardónio, fracassa devido a naufrágio da frota na passagem do Atos (caps. 43-45) e daí derivam alguns arrufos gregos, entretanto Dario frusta à nascença uma possível sublevação de Tasos (caps. 46-48) e faz um ultimato à Hélade, em consequência do qual muitas cidades se lhe submetem simbolicamente, o que leva Atenas a acusar Egina de ser uma das traidoras da causa grega (caps. 48-50).

De seguida o Livro VI faz uma longa digressão sobre a história de Esparta (caps. 51-86): a origem da dupla monarquia dos Lacedemónios, os privilégios dos reis (51-58), os costumes dos Espartanos em comparação com os de outros povos gregos (59-60); as tentativas de Cleómenes, com sucesso, em destronar Demarato, com o apoio de Leotiquidas, e a subida deste a rei de Esparta (61-72); a entrega de reféns eginetas a Atenas por parte de Cleómenes que, descoberta a intriga que tramara contra Demarato, enlouquece e se suicida (73-75). A propósito das causas dessa loucura, o historiador faz-se eco das versões correntes, narra a campanha sacrílega de Cleómenes contra Argos e refere a versão espartana (76-84). Termina a digressão com Egina a reclamar a devolução dos reféns e com a história de Glauco (85-86). Como consequência da entrega dos reféns, a narração prossegue com a descrição da guerra entre Atenas e Egina (caps. 87-93).

Falhada a primeira expedição persa contra a Grécia, organiza-se uma segunda, dirigida por Dátis e Artafernes, que toma Naxos, as Cíclades, Caristo e arrasa por completo Erétria (caps. 94-101). Em seguida a narrativa concentra-se na Batalha de Maratona e nas operações preliminares (caps. 102-117): referido o desembarque dos Persas na Ática,

Heródoto faz um breve excurso sobre Milcíades, um dos estrategos atenienses presentes (102-104); conta o pedido de ajuda a Esparta por Atenas e a visão de Hípias (105-107); especifica o conselho de Milcíades de que se devia atacar os Persas, apesar de terem apenas o auxílio dos Plateenses, e aceitação da estratégia proposta por parte do polemarco Calímaco (108-110). A descrição da Batalha de Maratona ocupa os capítulos 111-117 e termina com a vitória dos Gregos. Em consequência, os Persas retiram e levam os prisioneiros eritreus que Dario estabelece na região da Císsia (118-119). É nesta altura, já com o combate concluído, que os Espartanos chegam à Ática (120).

Nos últimos vinte capítulos deste Livro VI, Heródoto vai fazer, em ligação com a Batalha de Maratona, a apologia dos Alcmeónidas e dar-nos a sua história (caps. 121-131); e vai também contar-nos o fim de Milcíades: o ataque a Paros, sem resultados, e consequente condenação pelo povo a uma pesada multa; a sua morte devido à gangrena de um ferimento sofrido durante o ataque à ilha (132-136). O livro termina, no entanto, com a digressão sobre a conquista de Lemnos por Milcíades, um feito aduzido em sua defesa pelos amigos contra a acusação que lhe era feita (137-140).

Como se deduz, o Livro VI apresenta duas partes, cuja sutura se verifica no capítulo 42: os capítulos 1-42 relatam os derradeiros desenvolvimentos da revolta iónica e, portanto, continuam o tema do Livro V. Os capítulos 43-140 narram as vicissitudes da primeira expedição persa contra a Grécia, cujo clímax se encontra na Batalha de Maratona. E assim, de forma significativa, o Livro VI abre de forma dolorosa para os Gregos, mas termina de forma feliz, com um triunfo, se bem que chamando a atenção para a fragilidade e fugacidade da vida e da glória: Milcíades, ovacionado como o vencedor de Maratona, em breve se vê condenado e escapa a custo à pena capital.

O assunto do Livro VI diz respeito a um período e a acontecimentos, cujos protagonistas Heródoto pode ter conhecido e sobre os quais pode ter utilizado largamente as fontes orais. É o que aliás confessa ter acontecido para a Batalha de Maratona (6. 117. 3).

Segundo S. Cagnazzi[2], os núcleos narrativos (os *logoi*) seriam três: Batalha de Lade e fim da revolta iónica (1-42); primeira expedição persa contra a Grécia, fracassada, e digressão sobre Esparta (43-93); segunda expedição persa contra a Grécia, sob o comando de Dátis e Artafernes, que culmina com a Batalha de Maratona (94-140).

---

[2] *Hermes* 103 (1975) 385-423.

O primeiro *logos*, por sua vez, pode ser subdividido em três partes: uma centra-se na Batalha de Lade (caps. 6-17), o maior combate naval travado entre Gregos e Persas antes da Batalha de Salamina e o mais importante confronto da revolta iónica, que decidiu a sorte dos Iónios[3]. À derrota da Batalha de Lade segue-se nova diáspora dos Iónios para o ocidente (caps. 18-25), paralela ou idêntica à que se verificara cerca de cinquenta anos antes, quando a Iónia fora submetida pela Pérsia pela primeira vez (cf. 1. 163 sqq.); e assim esses capítulos – a segunda subdivisão do *logos* inicial – constituem o epílogo da revolta iónia e sublinham a alteração dos equilíbrios no Mediterrâneo. Por fim, em terceiro lugar, os capítulos 31-42, dedicados aos Filaídas e suas relações com a zona do Quersoneso, podem ser considerados um prólogo ao grande acontecimento do livro VI, a Batalha de Maratona[4]. E entre estas duas últimas partes do *logos*, Heródoto deixa à reflexão dos leitores o fim de Histieu (caps. 28-30).

Sendo Heródoto um verdadeiro mestre na arte de tessitura intertextual, a ponto de não ser possível ler um livro ignorando o conteúdo dos outros – e o Livro VI oferece um bom exemplo desse todo orgânico das *Histórias*, com reenvios internos a várias partes[5] – tal conexão e tessitura intertextual são particularmente estreitas entre os Livros V e VI. G. Nenci fundamenta-a em três elementos: o nexo de causa e efeito que existe entre a participação de Atenas e Erétria na revolta iónica (5. 99--103) e a primeira expedição persa que é dirigida contra estas duas cidades (6. 100-102); a conexão entre a revolta iónia e a nova organização administrativa e tributária dada pelos Persas à Iónia (6. 42-43); a defesa dos Alcmeónidas (6. 121-131) que se enlaça com vários passos dedicados a essa família no livro V (62.2-3; 63. 1; 70.2; 71. 2; 90.1)[6].

Assim não há solução de continuidade entre o Livro V, que encerra com a morte de Aristágoras, e esta parte inicial do 6, em que Heródoto conclui a sua exposição da revolta iónica[7]. A tal ponto que, narrada no

---

[3] Sobre a Batalha de Lade vide J. L. Myres, «The Battle of Lade B.C.», *Greece & Rome* 1 (1954) 50-55; P. Tozzi, *La rivolta ionica* (Pisa, 1978), pp. 202-205; R. van Compernolle, «La date de la bataille navale de Ladè», *Antiquité Classique* 27 (1958) 383--389. Sobre a frota iónica: C. Roebuck, «The economic development of Ionia», *Classical Philology* 58 (1953) 9-16.

[4] Estes caps. 31-42 levantam, no entanto, problemas complexos de datação, em especial no que respeita ao cap. 40, onde se encontram referências cronológicas de grande ambiguidade. Sobre estes caps. vide F. Prontera, «Per l'interpretazione di Erodoto VI 40», *Parola del Passato* 27 (1972) 111-123.

[5] Vide G. Nenci, *Erodoto, Le Storie* V, p. LXI e *Erodoto, Le Storie* VI, p. XII.

[6] G. Nenci, *Erodoto, Le Storie* VI, p. X.

[7] Vide P. Tozzi, «Erodoto V 106: nota preliminare all' insurrezione ionica», *Athenaeum*

fecho do Livro V a morte de Aristágoras, o Livro sexto abre com a seguinte alusão ao infausto acontecimento: «Assim morre Aristágoras, depois de ter provocado a sublevação da Iónia». Deste modo, como observa G. Nenci, Heródoto põe uma pedra tumular sobre um dos dois cúmplices da Revolta Iónia e só lhe resta descrever o fim do outro protagonista, Histieu, o que o historiador fará nos caps. 29-30 do Livro 6[8].

Mas na galeria dos retratos individuais o realce vai sobretudo para Milcíades: graças a Maratona nenhuma outra figura grega obteve nas *Histórias* semelhante relevo. Mas no Livro VI aparece esboçado o retrato de outro herói, um herói trágico da *hybris*, o do rei espartano Cleómenes[9].

Estas tragédias individuais aparecem como contraponto de tragédias colectivas: logo no seu átrio o Livro VI apresenta a tragédia colectiva da derrota dos Iónios na batalha naval de Lade e a consequente queda de Mileto; e um pouco mais tarde a destruição de Erétria.

Mas, das várias cidades gregas que os acontecimentos do Livro VI põem em relevo, é sobretudo Atenas que emerge como uma potência militar e terrestre. Relativamente a ela, Esparta aparece em segundo plano, embora mais tarde concentre nela o foco dos acontecimentos, ao narrar o gesto de Leónidas nas Termópilas[10]. Mas o Livro VI atribui ainda um grande peso aos Coríntios, aos Eginetas e aos Argivos, o que se liga com o importante papel que essas cidades desempenharam no passado e continuavam a desempenhar nos dias de Heródoto.

No Livro VI encontramos dois fios que percorrem as *Histórias*: a omnipresença do oráculo de Delfos como veiculador de uma ética que Heródoto defende; e a presença cada vez mais activa dos Alcmeónidas na vida de Atenas.

No primeiro caso, o historiador vê-se perante o problema da medização do oráculo e das cidades medizantes e sente a necessidade de a justificar[11].

Por outro lado, defender os Alcmeónidas também não seria fácil ao historiador em anos em que os adversários de Péricles e os inimigos

---

53 (1975) 137-139; e *La rivolta ionica* (Pisa, 1978), pp. 231-236; G. Nenci, *Erodoto, Le Storie* V, pp. XXVIII-XXXIV

[8] *Erodoto, Le Storie* VI, p. X.
[9] Vide G. Nenci, *Erodoto, Le Storie* VI, p. XIII.
[10] Sublinha-o G. Nenci, *Erodoto, Le Storie* VI, p. XII. Assim Atenas e Esparta teriam uma tarefa complementar, seriam os «olhos da Grécia». Vide G. Nenci, *Annali dell'Istituto Italiano per gli Studi Storici* 12 (1991-1994) 112-121.
[11] Sobre a importância do oráculo vide G. Nenci, *Erodoto, Le Storie* VI, p. XIII-XV e infra pp. 28 sqq.

"Medizar" e "medização" tinham entre os gregos sentido negativo e significavam "colocar-se ao serviço dos Medos" ou "pactuar com eles".

da democracia renovavam as suas acusações: caso do massacre dos Cilónidas (5. 70-71) ou do episódio do escudo de Maratona (6. 121.2).

Outro aspecto a realçar reside nos discursos do Livro VI, alguns deles memoráveis como o de Milcíades antes de Maratona (109.3-6).

O fecho do Livro VI, em que se narra o fim de Milcíades e se exalta a superioridade grega sobre os Pelasgos, tem certa analogia com o final das *Histórias*. Como observa Macan nota a 140. 9-10, se tal são coisas acidentais, são o acidental do génio.

Das colectividades aos protagonistas, das personagens às comunidades citadinas, emerge a capacidade histórica e psicológica de um historiador que sabe abrir as portas de cada cidade, penetrar nas casas das personagens principais, calar-se no íntimo de cada protagonista que vive um momento único e irrepetível como o drama de Demarato na busca da legitimidade dos seus antepassados (6. 65-70)[12].

2- A Batalha de Maratona e sua utilização política

Instaurada a democracia em 508/507, Atenas sentia-se livre e orgulhosa com esse novo regime. Mostra uma estranha força moral e não devemos andar longe da verdade se, além da liderança de Clístenes, concordarmos com Ehrenberg em atribuir isso também à introdução da liberdade e da democracia[13].

Derrota uma frente que contra ela se formara, constituída por Esparta, Tebas e Egina, e, ao fazê-lo, perdeu o temor que lhes tinha. Comprovou, por outro lado, que infundia receio e compreendeu que só podia contar com os seus próprios esforços.

Essa força moral dos Atenienses foi posta à prova alguns anos depois nas Guerras Pérsicas que ofereceram um contributo significativo para o sedimentar da democracia.

Dominados os Iónios e destruída Mileto, a ameaça de uma invasão persa de retaliação impunha-se como uma realidade que, mais ano menos ano, se verificaria. Ante essa evidência duas personalidades sobressaem na luta pela liderança: Temístocles e Milcíades.

---

[12] Sobre o assunto vide G. Nenci, *Erodoto, Le Storie* VI, p. XV.

[13] Para este pequeno estudo baseei-me em C. M. Bowra, *Pericleam Atheus* (London, 1971), cap. 2; V. Ehrenberg, *From Solon to Socrates* (London, 21973, repr. 1976), caps. V e VI; W. G. Forrest, *La naissance de la démocratie grecque* (trad. fr. Paris, s. d.), pp. 219-220 (a partir de agora Forrest, *La naissance*); N. G. L. Hammond, *Studies in Greek history* (Oxford, 1973), pp. 170-250; W. K. Pritchett, «Maratho», *University of California Publications Classical Archaeology* 4 (1960), pp. 137-190; J. Ribeiro Ferreira, *A Grécia antiga. Sociedade e política* (Lisboa, 1992), pp. 85-115 e 127-148.

Filho de Níocles, Temístocles procedia de uma família conceituada, mas que não era rica[14]. Não se impôs, por isso, devido a uma influência familiar, mas graças ao engenho, ao domínio das situações, à visão nas resoluções políticas e à compreensão clara de onde vinham os perigos e vantagens para Atenas. Determinado e de espírito previdente, era também um homem vaidoso, que primava pela astúcia. Dominava-o um excessivo desejo de poder e demonstrava ao mesmo tempo grande habilidade em impor a sua vontade aos outros[15]. Em 492 obtém um cargo – possivelmente o de arconte[16] – e é um dos estrategos em Maratona. Pensava que o futuro de Atenas se encontrava no mar e desde cedo procura encaminhar a cidade nesse sentido e motivá-la para a criação de uma poderosa frota de guerra e para a construção de um porto seguro.

Nos anos que antecedem Maratona não são, no entanto, as propostas de Temístocles que o *dêmos* escolhe. Embora esse dirigente tivesse apoiantes, sobretudo entre o povo comum da cidade, o apoio não é suficiente e a liderança é entregue a Milcíades. Este, membro de uma das mais poderosas famílias atenienses, em face da ameaça persa após a queda de Mileto, regressara a Atenas em 493 vindo do Quersoneso, para onde havia partido durante o governo do tirano Hípias, e é eleito estratego (cf. Hdt. 6.104). Os apoios vinham-lhe sobretudo das famílias nobres que cerravam fileiras contra a força crescente e cada vez mais palpável do *dêmos*, mas provavelmente também da população rural e da classe hoplítica.

Em 490 a Ática é invadida por forças persas, navais e terrestres, comandadas por Dátis e Artafernes – possivelmente cerca de cem trirremes que transportariam um contingente aproximado de cerca de vinte mil homens. Além disso, de passagem anteriormente por Erétria, haviam os Persas reduzido a cidade a escombros. Atenas sabia, portanto, o que a esperava.

Como os socorros solicitados a Esparta não chegaram a horas, Atenas viu-se obrigada a enfrentar o inimigo sem outros apoios que um escasso número de Plateenses[17]. A batalha travou-se em Maratona, entre

---

[14] Sobre Temístocles, carácter, ideias, actuações vide, entre outras, A. J. Podlecki, *The life of Themistocles. A critical survey of the literary and archaeological evidence* (Montreal, 1975); R. J. Lenardon, *The saga of Themistocles* (London, Aspects of Greek and Roman Life, 1978).

[15] Vide G. Richter, *The Portraits of the Greeks*. Abridged and revised by R. R. R. Smith (Oxford, 1984), fig. 173 e pp. 210-211; V. Ehrenberg, *From Solon Socrates*, p. 143.

[16] Ehrenberg, *From Solon to Socrates*, p. 131 considera que esse cargo não era ainda o de primeiro arconte; Bowra, *Periclean Athens*, p. 19 dá-o esse ano como arconte.

[17] É enviado um mensageiro a Esparta — o corredor Fidípides —, mas os Lacedemónios estavam a celebrar as festas de Carneia e só podiam enviar os socorros

a montanha e o mar, e os Atenienses, graças à união de uma táctica hábil, de uma moral elevada e de apuro físico, contiveram os Persas e obrigaram-nos a retroceder até aos barcos.

A descrição da Batalha de Maratona inicia uma série que compreenderá as Termópilas, Salamina, Plateias em que o historiador experimenta um modelo narrativo paradigmático para as grandes batalhas das Guerras Medo-Persas.

Na planície de Maratona Heródoto apresenta dois mundos diferentes e antitéticos etnica, cultural e militarmente: os Helenos são poucos hoplitas, mas combatem unidos e defendem a pátria constituída por *póleis* livres; enquanto os Persas constituem um exército imenso, mas formam um exército compósito e servem um déspota invasor.

O efeito mais significativo da vitória de Maratona não esteve em ter resultado num sério dano para o inimigo, mas em ter contribuído para um manifesto aumento da autoconfiança dos Gregos em geral – sobretudo dos Atenienses.

Outro efeito dessa vitória, agora no âmbito da política interna de Atenas, residiu na alteração de competência do arconte polemarco e dos estrategos. No estabelecimento da táctica a adoptar os estrategos, de que faziam parte Milcíades e Temístocles, tiveram papel decisivo. Enquanto comandantes das tribos formavam uma espécie de conselho e a sua influência deve ter aumentado desde a sua instituição por Clístenes. Da sua opinião dependia em grande parte o polemarco, comandante do exército, que era na altura Calímaco.

A personalidade e a reputação pessoal de Milcíades faziam dele, naturalmente, o líder, que terá conseguido persuadir o colégio dos estrategos e o polemarco a aceitar a táctica que ele propunha. Fosse essa ou outra a explicação, a táctica seguida foi a de Milcíades e a ele ficaram atribuídos os louros da vitória.

Possivelmente em consequência dessa liderança e da ascendência que daí retiraram os estrategos, Maratona foi a última vez que se ouviu falar em polemarco como líder militar. A partir daí, o comando, quer dos efectivos terrestres quer dos navais, pertencerá aos estrategos, uma transferência que não estará dissociada da luta política e social que se seguiu à batalha de Maratona. Se a vitória tem o efeito de diluir um pouco as controvérsias políticas, não as dissolve. Após ela, logo os líderes das facções tentam de novo a busca do poder.

---

solicitados depois da lua cheia. O contingente espartano chegará, possivelmente, só dois dias depois de o combate se ter travado. Vide Ehrenberg, *From Solon to Socrates*, p. 141.

Um ano após Maratona, Milcíades tem um grave insucesso numa expedição contra Paros com uma armada de 70 barcos que solicitara ao *dêmos*: uma expedição que custara muito à cidade, quer em vidas quer em dinheiro (cf. Hdt. 6.132). A frota regressa a Atenas com Milcíades gravemente ferido[18].

Apesar de ter por si a confiança do povo, Milcíades tinha adversários fortes — entre os quais se destacam Xantipo, pai de Péricles, e Mégacles um e outro da família dos Alcmeónidas, os amigos dos Pisístratos, Aristides, Temístocles – que sabem aproveitar o desaire. Acusado por Xantipo, o tribunal pune-o com a elevada multa de 50 talentos.

Milcíades morre entretanto em consequência do ferimento e quem paga a soma é o filho Címon que terá papel de relevo em Atenas nas décadas de setenta e sessenta.

Pouco depois da morte de Milcíades, em 488/487, verificam-se mudanças constitucionais que aperfeiçoam a obra de Clístenes. Nesse ano, os arcontes foram pela primeira vez tirados à sorte, uma alteração que retirou aos poderosos a possibilidade de jogar a sua influência e categoria social para atingir esse cargo[19].

Ligadas às reformas do arcontado de 488/487, inicia-se uma série de processos de ostracismo que, até 482, afastam de Atenas cinco homens políticos influentes, condenados um após outro ao exílio de dez anos: Hiparco da família dos Pisístratos (488/487); Mégacles que era Alcmeónida (487/486); Xantipo da mesma família e pai de Péricles (485/484); Aristides, apelidado o justo; e possivelmente Calíxeno, também Alcmeónida[20].

---

[18] Os objectivos do ataque permanecem obscuros e não é provável que Milcíades tivesse a intenção de conquistar todas as cidades como refere Éforo (*FGrHist* 70 F 63). Paros era a metrópole de Tasos uma ilha que ficava mesmo defronte da Trácia e Milcíades, que fora governante do Quersoneso, avaliou bem a importância das minas de ouro de uma e outra dessas zonas. O ataque a Paros, como sugere Ehrenberg, *From Solon to Socrates* cit., pp. 142-143, talvez encontrasse aí a sua razão.

[19] Ao mesmo tempo, desse novo processo de eleição, decorre também uma alteração significativa na constituição do Areópago, visto que anualmente os dez novos arcontes se tornavam membros vitalícios desse Conselho.

[20] Nesses processos a família dos Alcmeónidas é a mais atingida e tal facto talvez se deva à ideia de entendimento com os Persas que pode ter criado na opinião popular a noção de que apoiavam Hípias. Espalhava-se a notícia de que os Alcmeónidas tinham um entendimento com os Persas e, na altura da Batalha de Maratona, lhes haviam feito mesmo um rival, combinado, como os escudos. Tratava-se de rumores que não tinham possivelmente fundo de verdade, mas para o efeito da luta política funcionariam do mesmo modo. Sobre o assunto vide J. Ribeiro Ferreira, *Helada e Helenos. Génese e evolução de um conceito* (Coimbra, ²1993), p. 258 e nota 3.

Enquanto os arcontes perdiam a sua importância, os estrategos ganhavam um aumento significativo de influência. Possivelmente a projecção dessa magistratura já se vinha afirmando antes de Maratona, mas é sobretudo a partir de então que se impõe e se torna a magistratura suprema. Eleitos generais, podiam ser reeleitos por ilimitado número de vezes e tornavam-se comandantes plenos do exército e da armada, já que não existia distinção entre general e almirante. Esta nova posição de comandantes supremos, associada ao facto de continuarem a ser eleitos, concedeu aos estrategos – os que eram capazes e ambiciosos – também a liderança no domínio político. A partir de então passam para primeiro plano quer no domínio militar quer no civil.

Não devemos andar longe da verdade se virmos a influência de Temístocles nas alterações efectuadas e na série de ostracismos que se verificaram entre 487 e 482. Um indício provável de que teria sido ele o seu instigador encontramo-lo, com certeza, no elevado número de votos que o contemplam, naturalmente provindos dos aristocratas[21]. Se tal se passou, Temístocles escolheu um método – como observa Forrest – que dava ao *dêmos* a sua plena responsabilidade[22].

Liberto dos principais adversários, tinha o campo aberto. De imediato procura pôr em prática a sua ideia fundamental, que há muito perseguia, de criar uma marinha de guerra forte.

Era um homem a quem o mar atraía e que se dedicou ao comércio[23]. Pensava que a cidade, com um bom abrigo natural no Pireu e aberta para o mar, só podia aproveitar-se verdadeiramente da sua situação geográfica se possuísse uma frota de guerra.

Temístocles possivelmente vira na marinha o instrumento para resolver a eterna guerra com Egina e talvez também um meio para enfraquecer o poder das classes elevadas. Sobretudo terá reconhecido que só uma frota de guerra poderosa conseguiria conter o ataque persa iminente e que apenas o domínio do mar tornaria Atenas uma grande potência no mundo grego, se conseguisse libertar da ameaça constante

---

[21] Votos de *ostraka* com o nome de Temístocles em E. Vanderpool, *Ostracism at Athens* (The University of Cincinnati, 1970).

[22] *La naissance*, p. 220.

[23] A duas das filhas (cf. Plutarco, *Them.* 32.2) deu os elucidativos nomes de Itália e Síbaris. Um indício sem dúvida de que existiam conexões entre ele e a Itália, possivelmente de comércio. Talvez se tenha aproximado também de Gélon de Siracusa. Vide Ehrenberg, *From Solon to Socrates*, pp. 148-150.

da pirataria o Mar Egeu, caminho de consideráveis e vitais trocas comerciais, e tornar as suas rotas sem perigo[24].

Temístocles conseguiu progressivamente convencer o povo das suas razões e das vantagens da política que propunha. Encontrou os meios para equipar a frota de trirremes e preparar o porto do Pireu, na descoberta, em 483, de um novo filão de prata, nas minas do Láurion, a jazida de Maroneia. Em vez de distribuir o produto pelos cidadãos, como até aí se fazia, propõe que seja aplicado na construção de barcos de guerra[25].

Construídos os barcos, era necessário tripulá-los e conseguir homens e remadores que os manobrassem e o fizessem com um alto grau de eficácia. Tal desiderato só se atingia mediante treino conjunto e prolongado.

Dessa missão ficam incumbidos os tetas, sobretudo os que não tinham quaisquer meios de fortuna, que por isso nunca haviam participado no exército[26]. Era mais fácil recrutar os homens nos sectores mais pobres que não estavam ligados à terra ou à oficina de algum mester.

A criação da frota implica assim o aparecimento de um sector estreitamente dependente do Estado no soldo e na subsistência. Recrutados das classes não hoplíticas, os remadores ficam em Atenas com papel decisivo na defesa da pólis. A via para uma mais avançada democracia caminha a par da política naval. Deste modo se forma em

---

[24] Por outro lado, Temístocles devia ter conhecimento dos preparativos que em 483 se realizavam na Pérsia, como haviam sido conhecidos os de 493 que conduziram à Batalha de Maratona. Não seria difícil prever uma nova invasão iminente e que o ataque fosse lançado tanto por mar como por terra.
Uma vez que estava decidido o afrontamento dos Persas, era uma necessidade da guerra essa criação. Erétria e Atenas haviam sofrido já a invasão persa em 490 e a Grécia não estava livre de novos ataques.

[25] Cf. Heródoto 7. 144; Tucídides 1. 14. 3. Bowra, *Periclean Athens*, pp. 20, fala em 100 trirremes; Ehrenberg, *From Solon to Socrates*, p. 148 sugere 200, embora dubitativamente.
Embora o argumento utilizado fosse o poder naval de Egina, Temístocles, como acentua Ehrenberg, *From Solon to Socrates*, p. 148, pensava naturalmente nos Persas. Situada no Golfo Sarónico apenas a algumas milhas das costas da Ática, Atenas vivia em constantes lutas com ela, sem resultados positivos, já que a inexistência de uma frota eficaz tornava impossível subjugá-la. Cerca de 488 Atenas entra de novo em guerra com Egina, para apoiar um levantamento democrático naquela ilha, mas para isso teve de alugar, por um preço nominal, barcos a Corinto. A continuação da guerra ofereceu um pretexto e um argumento forte à política naval de Temístocles. Vide A. J. Podlecki, *The life of Themistocles*, pp. 58 e 59.

[26] Recordo que na Grécia era o próprio cidadão-soldado quem fornecia o seu armamento.

Atenas uma força naval eficiente e treinada que vai dominar no Egeu até ao fim do século V e que, quando da segunda invasão persa em 480, estava pronta a actuar; dirigida por um comandante hábil e de visão, Temístocles, obteve as vitórias decisivas do cabo Artemísio e de Salamina. A política de Temístocles cativara a imaginação popular e em 480 é eleito estratego. Ante a perspectiva de nova invasão persa, colocou a esperança de vitória na frota que preparava e conseguiu, embora com dificuldade, convencer os outros Gregos a enfrentarem o inimigo, unidos, no estreito entre Salamina e o continente. Então, por meio de um engano, levou os Persas a atacar em lugar desfavorável e consegue uma vitória retumbante, confirmada cerca de um ano depois, em 479, na batalha terrestre de Plateias. Os barcos persas fogem para o Egeu, onde também um ano mais tarde são novamente vencidos em Mícale.[27]

A batalha de Salamina torna-se assim o evento decisivo na luta pela liberdade da Grécia e demonstrara que o futuro de Atenas estava no mar. Era também a segunda etapa do crescimento da democracia.

Homens do mar, esses marinheiros vencedores do Artemísio, de Salamina e de Mícale diferiam social e economicamente dos hoplitas e dos cavaleiros – afinal os principais intervenientes em Maratona –, uns e outros ligados à terra. Os marinheiros, pelo contrário, eram assalariados da *pólis* e não tinham outro meio de subsistência que não fosse o soldo recebido pela função exercida na frota. Desse modo os cidadãos mais pobres de Atenas, como é lógico em consequência de constituírem peças necessárias na frota, têm nessas vitórias papel de primeiro plano e saem delas prestigiados e na qualidade de heróis. Desse modo as guerras cimentaram o regime em Atenas e criaram ainda as condições para novo e maior desenvolvimento dessa democracia.

A actuação desses homens, fundamental na batalha de Salamina, mudou a história de Atenas, a da Grécia e até a da Europa. Convém lembrar que estamos no início do século V e que a Grécia ainda não havia chegado ao apogeu do período clássico nem produzido as suas mais importantes realizações culturais. Dado que a cultura ocidental é profundamente devedora da grega, naturalmente não será difícil imaginar que a nossa cultura seria bem diferente se a vitória em Salamina tivesse pendido para o lado dos Persas.

---

[27] Sobre as batalhas de Salamina, de Plateias e de Mícale vide N. G. L. Hammond, «The Battle of Salamis», *JHS* 76 (1965) 32-54 = *Studies in Greek history* (Oxford, 1973), pp. 251-310; A. R. Burn, *Persia and the Greeks* (London, 1962), pp. 400-402, 427-475, 508-546 e 546-551; C. Hignett, *Xerxes invasion of Greece* (London, 1970).

E no entanto não é a batalha de Salamina que encontramos mais exaltada nos tempos subsequentes. Devida à actuação dos mais pobres cidadãos de Atenas e símbolo da força da democracia, não era de molde a concitar a exaltação dos nobres e oligarcas, que pelo contrário procuravam travar a evolução da democracia. Encontraram um chefe à altura em Címon, filho de Milcíades, um conservador a quem desagradava o caminho que tomava a democracia e que tentou suster, senão mesmo fazer regredir, a tendência evolutiva que a caracterizava. Nessa luta, Maratona – uma vitória atribuída a um elemento de uma das mais poderosas e influentes famílias atenienses – será ampliada e mitificada, como bandeira, pelos oligarcas e pelos nobres para se oporem abertamente à causa democrática. Maratona fora uma vitória nacional, mas dado ser Milcíades um rico aristocrata, a batalha era celebrada com a satisfação de algo próprio nos círculos dos nobres que viam o avanço da democracia com olhos de suspeição.

Ora, ao longo dos tempos, será Maratona a ser citada como motivo de glória e símbolo de coragem guerreira e o dia de aniversário do combate era celebrado com um sacrifício de trezentas cabras em honra da Ártemis. Alvo de contínua exaltação, é apresentada como réplica moderna à perfeição lendária dos heróis do passado. São vários os exemplos e testemunhos que nos chegaram. Os mortos foram enterrados num único túmulo, espécie de mamoa que ainda hoje se ergue no local da batalha. Por seu lado, ter lutado em Maratona torna-se para um Ateniense vivo a mais elevada honra. Mícon, no Pórtico das Pinturas ou *Stoa Poikile*, representa num grande fresco os diversos momentos da batalha com retratos reconhecíveis dos intervenientes. É curioso e significativo, como nota Bowra, que Ésquilo no epitáfio que para sí escreveu não aluda à sua poesia, mas realce a sua qualidade de combatente de Maratona[28]:

> O seu glorioso valor celebram-no os bosques de Maratona
> e os Medos de longos cabelos, que o conhecem.

Os homens que lutaram em Maratona eram honrados como o modelo do que os Atenienses deviam ser. Ao criticar a falta de coragem, lassidão e ausência de valores dos jovens dos fins do século V e do IV a. C., era ao exemplo dos guerreiros de Maratona que se recorria. Assim acontece com Aristófanes: em 425, sob os efeitos da Guerra do

---

[28] Cf. *Vita Aeschyli* 10. Vide Bowra, *Periclean Athens*, pp. 17-18.

Peloponeso (431-404 a. C.), o dramaturgo descreve, nos *Acarnenses*, os rudes e audazes aldeões de Acarnes como homens valentes, temperados pelo trabalho e pela luta, capazes de enfrentar a guerra com coragem e sem vacilação (vv. 180-181):

...........................uns tipos já de idade,
os Acarnenses, sólidos, que quebram e não torcem,
como robles, combatentes da Maratona[29], duros como ácer.

Nas *Nuvens* volta a falar dos «combatentes da Maratona» (*Marathonomachai*) para estabelecer o contraste entre a coragem de então e a falta de valentia do seu tempo: quando os dois Raciocínios discutem sobre a educação, antiga ou a nova, o Raciocínio Justo proclama que foram as suas normas e a sua educaçao que criaram «os combatentes de Maratona» (v. 986).

Milcíades e Temístocles, dois estadistas atenienses, cujos nomes ficaram ligados a duas batalhas e como seus símbolos – Maratona e Salamina que foram de frequente uso, como arma, na luta política. Curioso é verificar que a historicamente mais importante não tenha sido a mais valorizada entre os antigos Gregos. As subtis malhas que a ideologia e a política tecem.

3 – O oráculo de Apolo em Delfos e o Livro 6º das *Histórias* de Heródoto

Antes de considerarmos em pormenor este aspecto do Livro 6.º das *Histórias* de Heródoto, convém tecer algumas considerações preliminares sobre o fenómeno mais vasto em que se enquadra: a religião na Grécia antiga. Numa primeira abordagem, a religião grega parece ser um dos exemplos mais elucidativos do que poderíamos chamar uma manifestação "política", no sentido de realização que espelha e afirma directamente a natureza e identidade de cada *polis* ou cidade-estado. De facto, a par do intricado universo divino (organizado, fundamentalmente, por Homero e Hesíodo), cuja veneração os Gregos partilhavam de uma forma generalizada, havia, ainda fora do domínio do culto a heróis locais, uma atenção particular dedicada aos deuses que garantiam protecção especial a cada *polis* e que, por essa mesma razão, se apelidavam de divindades políades. As próprias cerimónias religiosas estavam a cargo

---

[29] «Combatentes de Maratona» traduz o bem conhecido composto *Marathonomachai*.

não de uma casta sacerdotal organizada, mas de magistrados cívicos que, quando promoviam sacrifícios solenes e festividades em honras dos deuses, o faziam em nome de toda a comunidade.

No entanto, como demonstrou o P.e Festugière, em trabalho muito influente[30], a par dessa demonstração oficial de fé que, tal como um dialecto, se actualizava de forma ligeiramente distinta em cada cidade--estado, é possível seguir as marcas de uma religiosidade mais íntima e pessoal, visível não só em pequenos nichos dedicados por crentes incógnitos (que a arqueologia vai revelando), mas também na literatura desde Homero. De facto, o mesmo estudioso recorda o exemplo da oração sincera de Aquiles a Zeus, quando Pátroclo se dirige para o combate[31], e não podemos deixar de referir também o conhecido caso de Hipólito, na tragédia homónima de Eurípides, que ilustra, melhor que qualquer outro, uma relação privilegiada do crente com a divindade. Além desta afirmação individual de fé, que será, porventura, a mais sincera e evoluída, embora corra o risco da incompreensão, tal como aconteceu com Hipólito, havia ainda as correntes místicas, que prometiam aos iniciados um estado de bem-aventurança especial. Destas, as mais importantes eram o Orfismo, o Culto Dionisíaco e os Mistérios de Elêusis[32].

Não vamos, contudo, desenvolver estes aspectos da religiosidade grega. Apenas os referimos para que ficasse mais claro o papel do oráculo de Apolo em Delfos. Este insere-se no quadro da vertente "oficial" da religião grega, mas a sua importância ultrapassa em muito a acção das divindades políades e cultos locais, que mencionámos no início destas reflexões. Apolo é, afinal, o representante mais autorizado e influente do legalismo, enquanto «aspiração a conseguir o favor e benevolência dos deuses mediante a observação dos seus preceitos»[33]. Em toda a literatura grega se podem encontrar vestígios dessa importância (justificação, afinal, deste estudo) e parece-nos oportuno recordar aqui um dos testemunhos mais impressionantes a esse respeito. Referimo--nos a um passo da *República* de Platão[34]:

---

[30] *Personal religion among the Greeks* (Berkeley, rep. 1960), esp. cap. I.

[31] *Ilíada*, 16.231-248.

[32] Para uma introdução crítica ao estudo destes problemas, *vide* Maria Helena da Rocha Pereira, *Estudos de História da Cultura Clássica. I Volume — Cultura Grega* (Lisboa, ⁸1998) 305-338.

[33] A definição pertence a uma das maiores autoridades no domínio do estudo da religião grega: Martin P. Nilsson, *Grekisk Religiositet*. Citamos pela tradução espanhola, *Historia de la religiosidad griega* (Madrid, 1953) 43, daqui em diante indicada como Nilsson, *Religiosidad griega*.

[34] 427b-c. Usamos a versão portuguesa traduzida e comentada por Maria Helena da Rocha Pereira, *A República* (Lisboa, ⁸1996).

«— Então que é que nos resta fazer em matéria de legislação? E eu respondi: – A nós, nada, mas a Apolo de Delfos competem as mais elevadas, mais belas e mais importantes das disposições legais.
— Quais? – perguntou ele.
— A edificação de templos, sacrifícios e outros actos de culto aos deuses, divindades e heróis. E ainda a sepultura dos finados, e toda a assistência que deve prestar-se-lhes para tornar propícios os que estão no além. Sobre estes assuntos nada sabemos, e ao fundarmos a cidade, a ninguém mais obedeceremos, se tivermos senso, nem seguiremos outro guia, senão o da nossa pátria. Pois sem dúvida é este deus que, em todos estes assuntos, é o intérprete nacional para todos os homens, quando profetiza sentado no *omphalos*, no centro da terra.»

Este texto salienta essencialmente a superintendência religiosa de Apolo, mas não será exagero afirmar que a influência do oráculo se alargava a todos os aspectos da vida grega, desde consultas de Estado relativas a questões tão importantes como declarar guerra a um inimigo ou sancionar uma nova legislação, até ao tratamento de pequenas dúvidas particulares, como a realização de uma viagem, negócio ou aliança familiar[35].

Embora sem nos estendermos em demasia, para não adulterar os objectivos deste estudo, seria vantajoso, ainda no domínio das informações preliminares, discutir alguns problemas relativos a este santuário de Delfos, que era, sem dúvida, o mais autorizado de todos os lugares sagrados da Antiguidade e teve, desde meados do séc. VIII, uma importância pan-helénica, chegando mesmo a ultrapassar as fronteiras do mundo grego, como depois veremos. O período áureo, contudo, está compreendido entre 580 a.C (por alturas da eclosão da Primeira Guerra Sacra) e cerca de 320 a.C., ou seja, inícios da Época Helenística, que, com a morte de Alexandre, marca também o declínio do sistema de vida da *polis*, a cuja dinâmica o oráculo estava estreitamente ligado. Apesar disso, deve ter continuado em funcionamento regular até ao ano de 391 da nossa Era, altura em que um edicto do imperador Teodósio proibiu todas as formas de adivinhação[36]. Uma forma prática de discutir o seu funcionamento passa pela consideração de uma das fontes mais

---

[35] O passo ecoa também a lenda transmitida por Estrabão (9.3.6), segundo a qual Zeus teria enviado duas águias — uma do extremo ocidente e outro do extremo oriente — e elas vieram a encontrar-se em Delfos, marcando, assim, o centro do mundo, que o era efectivamente, pelo menos em termos espirituais. Essa crença era recordada no santuário pela presença do *omphalos* ou 'umbigo', pedra cónica em mármore (*cf.* Pausânias, 10.16.3).

[36] *Cf.* Joseph Fontenrose, *The Delphic oracle* (Berkeley, 1978) 5; daqui em diante citado como Fontenrose, *The Delphic oracle*.

reveladoras acerca deste aspecto da religião grega, ou seja, a terceira peça que integra a *Oresteia* de Ésquilo: as *Euménides*. A primeira parte da tragédia passa-se em Delfos, lugar onde Orestes se dirigiu para proceder às purificações rituais, por ter assassinado a mãe, Clitemnestra. Na verdade, uma das prerrogativas de Apolo, enquanto deus ligado à pureza, era precisamente a de limpar as manchas de poluição contraídas por homicídio[37]. Recordemos, então, as palavras iniciais da Pítia ou Pitonisa, a sacerdotisa do oráculo de Delfos[38]:

> «A minha prece destina-se a venerar, em primeiro lugar, acima de todos os deuses, a primeira profetisa, a Terra; depois, Témis que, segundo a tradição, se sentou, a seguir a sua mãe, nesta sede profética; em terceira sucessão, com o acordo de Témis e sem fazer violência a ninguém, veio outra Titânida, filha da Terra, Febe; esta, por seu turno, como prenda de nascimento, cedeu o lugar a Febo, que de Febe deriva o seu nome.
>
> Deixando o lago e o solo rochoso de Delos, Febo veio aportar às margens de Palas, frequentadas pelos navegantes, para finalmente chegar a esta terra, junto às raízes do Parnaso. Escoltam-no, com piedosas manifestações de veneração, os filhos de Hefesto, que lhe rasgam o caminho, para ele desbravando a terra inculta. À sua chegada, tributam-lhe as maiores honras o povo e o seu rei, Delfos, timoneiro do país. E é a ele que Zeus, infundindo no seu peito uma divina ciência, instala, em quarto lugar, no trono profético: Lóxias é agora o profeta de Zeus, seu pai. Eis os deuses a quem primeiro dirijo as minhas preces.
>
> Mas Palas Pronaia é igualmente honrada pela tradição. E venero ainda as Ninfas que habitam a rocha Corícia, caverna preferida pelas aves, morada de deuses. Ocupa Brómio o lugar – não o esqueço –, desde que, deus comandando as Bacantes, teceu a morte a Penteu, como se fora uma lebre. Invoco ainda as nascentes do Pleistos, Poséidon poderoso e Zeus altíssimo, sem quem nada se acaba, para, finalmente, me sentar no meu trono de profetisa. Que estes deuses me concedam, hoje mais do que nunca, uma feliz entrada no santuário! E, se estão presentes pessoas vindas da Grécia, aproximem-se na ordem indicada pela sorte, como é de regra, pois eu profetizo conforme o deus me inspira.»

---

[37] Sobre este tema *vide* Robert Parker, *Miasma. Pollution and purification in early Greek religion* (Oxford, 1990) 393 e *passim*; daqui em diante citado por Parker, *Miasma*.

[38] Vv. 1-33. Usamos a tradução comentada de Manuel de Oliveira Pulquério, *Oresteia: Agamémnon, Coéforas, Euménides* (Lisboa, 1992).

Tendo em conta o grande prestígio de que o oráculo de Apolo se revestia, sobretudo a partir do séc. VI a.C., os Gregos tenderam a fazer remontar a fundação do santuário logo aos começos do mundo. Contudo, essa tradição, a avaliar pelos dados, é relativamente tardia, já que a primeira referência aos momentos iniciais do oráculo, que nos aparece no *Hino Homérico a Apolo*, não traz qualquer notícia sobre a existência de uma potência divinatória anterior a Apolo, mas somente a narração da morte do primeiro ocupante do lugar, a grande serpente fêmea[39], que, de resto, com o tempo, se tornaria em macho, talvez por constituir um adversário mais apropriado para Apolo[40]. A versão que nos aparece no passo das *Euménides* ecoa uma tradição diferente, que, por um lado, obedecerá ao patriotismo e convicções morais de Ésquilo, mas que, por outro, pode corresponder também àquilo que se pretendia que fosse a história primitiva de Delfos.

Em primeiro lugar, Ésquilo não faz referência ao episódio da serpente, guardiã do lugar, cuja morte simboliza a ocupação violenta do oráculo. Ora isso está de acordo com uma das ideias que percorrem toda a *Oresteia*, um desejo de paz e de reconciliação, que será atingido nas *Euménides* através da evolução da noção de direito, de justiça e da própria acção da divindade, princípios consubstanciados não apenas na criação do tribunal do Areópago, mas também na transformação final das Erínias (deusas da perseguição) em Euménides propiciadoras de bens. Pormenor importante é que esta mudança de natureza se deve ao vigor persuasivo da argumentação de Atena, não à força das armas. Não seria, portanto, conveniente apresentar a história primitiva de Delfos como manobra de violenta usurpação. Assim, Apolo vai herdar o seu lugar de profeta em Delfos de forma perfeitamente legítima e pacífica. De notar ainda que havia quatro grandes gerações divinas: a de Úranos, à qual sucedeu a de Cronos; depois seguiu-se a de Zeus, cujos filhos constituem a geração de Apolo. Ora Ésquilo vai decalcar a gesta do oráculo de Delfos na história da sucessão divina: foram também quatro os titulares da sede profética, um por cada geração. Primeiro a Terra (Gaia ou Gâ), depois Témis, em seguida Febe[41], mãe de Leto e avó de Apolo, que vem a ser o último

---

[39] *Cf.* Fontenrose, *The Delphic oracle*, 1.
[40] *Vide* H. W. Parke, *Greek oracles* (London, 1967) 36; daqui em diante citado por Parke, *Greek oracles*.
[41] Fontenrose, *The Delphic oracle*, 1 n. 2, pensa que a introdução de Febe entre Témis e Apolo se destina a preencher o hiato entre a queda dos Titãs e a ocupação de Delfos por Apolo.

ocupante do lugar. Ao longo de todo este processo, a transmissão deu-se «sem fazer violência a ninguém»[42].

Se, como vimos, esta apresentação se insere nas perspectivas éticas e políticas[43] de Ésquilo, verdade é que poderá ilustrar também certa propaganda teológica de Delfos. Um dos grandes rivais de Apolo era o oráculo de Zeus, seu pai, em Dodona. Para Delfos legitimar e garantir um lugar cimeiro teria de fazer recuar a sua antiguidade, já que Dodona era um santuário que, em termos de continuidade, era anterior a Apolo. Por isso, a hipótese que se punha aos sacerdotes apolíneos seria a de transformar o mito da inimizade com a Terra (a que a serpente está associada) e sua filha Témis, fazendo com que estas duas deusas, pelo menos, fossem consideradas precursoras divinas de Apolo[44]. Por outro lado, não seria legítimo defender que Apolo era superior a Zeus; no entanto, a dificuldade poderá ter sido contornada, como vemos no texto de Ésquilo, pela ideia de que Apolo era um emissário especial de seu pai: «E é a ele que Zeus, infundindo no seu peito uma divina ciência, instala, em quarto lugar, no trono profético: Lóxias é agora o profeta de Zeus, seu pai.»[45]

Esta relação com um oráculo primitivo da Terra pode ajudar, também, a esclarecer a referência a certos aspectos controversos na forma como Apolo proporcionava a sua acção divinatória, em especial o problema do *chasma ges* e do *pneuma* inspirador que dele saía. Os estudiosos modernos começaram por partir da ideia de que este *chasma ges* seria uma espécie de falha geológica e que o *pneuma*, por conseguinte, corresponderia a emanações gasosas que induziam ao *enthousiasmos* ou delírio profético. Ora as escavações levadas a cabo no lugar pela Escola Francesa de Atenas não puseram a descoberto qualquer tipo de falha; os geólogos, por seu turno, negam a possibilidade de aquele terreno a ter tido. No entanto, são frequentes os testemunhos literários que afirmam o contrário. Roux[46], contudo, esclarece que o erro deriva do pressuposto de que o *chasma ges* seja uma fenda geológica. Na verdade,

---

[42] *Vide* Georges Roux, *Delphes. Son oracle et ses dieux* (Paris, 1976) 45; daqui em diante citado por Roux, *Delphes*.

[43] Num apelo claro ao patriotismo ateniense, encontra-se a descrição da vinda de Apolo de Delos para a Ática e daí para Delfos, com uma escolta ateniense, que vai desbravando, à sua frente, a terra inculta. *Cf.* Parke, *Greek oracles*, 35.

[44] Sobre a dificuldade em admitir a hipótese de que esse culto primitivo fosse prestado não no lugar onde se encontra hoje o templo de Apolo, mas sim um pouco mais abaixo, onde existe um santuário dedicado a Atena Pronaia, *vide* Roux, *Delphes*, 20 sqq.

[45] *Cf.* Parke, *Greek oracles*, 36 sqq.

[46] *Delphes*, 110 sqq. e 154 sqq., cujas ideias seguimos de perto.

corresponderia apenas a uma interrupção no pavimento do chão do templo de Apolo, que deixava à vista o solo do Parnaso. Essa abertura é que constituía o *adyton* (à letra, 'lugar onde se não pode ir') em sentido restrito, sobre o qual se encontrava a trípode profética, de onde a Pitonisa falava; o *adyton* em sentido lato correspondia a toda a fossa oracular, onde ficava também a cavidade referida anteriormente. No seguimento destas conclusões, o *pneuma* não poderá corresponder a exalações que levassem a um estado de alienação confundido com o delírio profético. Como explica o mesmo estudioso, esse *pneuma* mais não seria do que o influxo inspirador (mas sem consistência material) que os Gregos acreditavam que emanasse de qualquer cavidade ctónica, onde viam uma porta de comunicação com o mundo do sobrenatural. E não devemos esquecer que os antigos acreditavam que as capacidades proféticas do solo do Parnaso eram particularmente fortes, como se pode avaliar pela grande quantidade de divindades aí adoradas. Para além dos quatro deuses que sucessivamente detiveram o oráculo, o passo das *Euménides* refere--nos também Atena, as Ninfas, Dioniso[47] e Poséidon, e ainda se poderiam acrescentar outros. Não obstante essa realidade, o *pneuma* telúrico é provocado essencialmente pela acção inspiradora da Terra e, por tal motivo, a tradição do *chasma ges* e do influxo profético que dele provinha alinham a favor da hipótese de que o oráculo terá sido ocupado originariamente por esta divindade[48].

O extracto de Ésquilo fornece, ainda, outra informação que poderemos tratar antes de passarmos ao domínio de Heródoto. Dirigindo--se aos espectadores que, naquele momento, desempenhavam a função

---

[47] Ésquilo é o primeiro autor a colocar Dioniso em Delfos; a partir daí, as referências tornaram-se cada vez mais frequentes e, em tempos de Plutarco, já se aceitava que Dioniso tomava o lugar de Apolo nos três meses de inverno em que este se ausentava para os Hiperbóreos. *Cf.* Parker, *Greek oracles*, 39. Nilsson, *Religiosidad griega*, 34, salienta, a este respeito, o pragmatismo grego, pois, uma vez que o movimento simbolizado por Dioniso era demasiado poderoso para ser afastado, retirou-se ao culto parte da ameaça que representava, ao integrá-lo no domínio oficial.

[48] Fontenrose, *The Delphic oracle*, 1, reage contra esta possibilidade, que a nós, pelo contrário, se afigura defensável. Mais à frente (196 sqq.), o mesmo estudioso põe em causa toda a tradição literária relativa ao *chasma ges* e aos vapores, bem como a ideia de que a Pítia proferia, em transe, um discurso ininteligível. Deve admitir-se que a Pitonisa falava provavelmente numa linguagem compreensível, embora, por certo, um pouco afectada pela solenidade do momento e pela crença de que o deus profetizava pela sua boca; então, neste sentido, o poder de *chasma* e do *pneuma*, não tendo embora uma realidade material, existia de facto na medida em que afectava quem acreditava na sua acção (combinado com a presença de outros elementos sagrados, como o *omphalos*, o loureiro e a água que brotava do Parnaso, usada nas abluções, fosse da fonte Castália ou da Cassótis).

de consulente do oráculo, a Pitonisa diz: «E, se estão presentes pessoas vindas da Grécia, aproximem-se na ordem indicada pela sorte, como é de regra, pois eu profetizo conforme o deus me inspira.» Em Delfos, a ordem de consulta obedecia a um protocolo, segundo o qual os habitantes de Delfos, por serem proprietários do lugar, tinham precedência sobre todos os Gregos, seguindo-se os membros da Anfictionia; depois destes, era a vez dos restantes Gregos, agrupados provavelmente através de um critério geográfico; em último lugar, avançavam os bárbaros. Se se encontrassem dois consulentes pertencendo ao mesmo grupo (portanto, em igualdade de circunstâncias), a prioridade era decidida por tiragem à sorte[49]. Esta ordem podia, na prática, ser alterada pelo privilégio da *promanteia* ou 'prioridade na consulta', atribuído pela cidade de Delfos a particulares, colectividades, cidades ou mesmo a povos. O caso de Creso da Lídia é um dos mais conhecidos. De facto, este rei, segundo o relato de Heródoto[50], enviou emissários aos principais oráculos, com instruções para os interrogarem – cem dias após a partida – sobre o que ele próprio fazia nesse momento. Com esta manobra, provavelmente lendária, visava testar a credibilidade e eficácia dos oráculos. Heródoto transmite apenas a resposta da Pítia, que se revelou correcta, e, a fim de propiciar Apolo, Creso fez sumptuosos sacrifícios e cumulou Delfos de oferendas verdadeiramente colossais[51]. Em reconhecimento, os Délfios outorgaram a Creso e aos Lídios os seguintes privilégios: «a promancia, a atelia, a proedria e o direito, para quem de entre eles o desejasse, de se tornar cidadão de Delfos para o resto do tempo»[52]. A promancia, contudo, concedia a prioridade apenas entre os elementos do mesmo grupo (Creso e os Lídios seriam os primeiros a consultar o oráculo, mas somente entre todos os bárbaros).

O exemplo deste monarca é evocado para ilustrar a enorme influência do oráculo de Apolo, a ponto de ultrapassar mesmo o território

---

[49] *Vide* Roux, *Delphes*, 76 sqq.
[50] 1.46 sqq. Em 6.125, o mesmo Heródoto informa que Alcméon terá prestado ajuda aos mandatários do monarca, razão pela qual Creso o compensou regiamente, sendo esse o motivo da riqueza da casa dos Alcmeónidas.
[51] *Cf.* 1.50-51. Embora Heródoto não transmita, por falta de informação, a resposta do oráculo de Anfiarau, refere-nos que Creso também a considerava verídica (1.53.3). A este oráculo o monarca enviou igualmente dádivas, se bem que de menor importância (*cf.* 1.52.).
[52] 1.54.2. A atelia consistia, neste contexto, na isenção de pagar o imposto pela consulta do oráculo; o direito à proedria concedia ao seu titular a honra de ter um lugar reservado nos espectáculos, em geral nas primeiras filas. Citamos pela versão portuguesa, feita por José Ribeiro Ferreira e Maria de Fátima Silva, *Heródoto — Histórias — Livro I* (Lisboa, 1994).

da Hélade. O desfecho da sua relação com Delfos é também um dos casos mais apontados para a discutida questão da ambiguidade dos oráculos[53]. Efectivamente, depois de fazer as oferendas referidas, Creso questionou o oráculo sobre se deveria atacar Ciro, obtendo como resposta que, se atacasse os Persas, iria pôr fim a um grande império[54]. Perante o desastre da campanha, Creso conseguiu obter de Ciro a permissão para mandar emissários a Delfos, com instruções de mostrarem à Pítia os grilhões[55] com que fora aprisionado e inquirir do deus se era assim que recompensava as suas dádivas. A Pitonisa respondeu que Creso deveria ter pedido um segundo oráculo a esclarecer o sentido do anterior, a fim de saber a qual império poria fim; como não o fez, foi vítima da sua própria imprevidência[56]. Este episódio deve ter sido forjado *post eventum*[57], mas a questão que coloca é pertinente. Convirá, por isso, alinhar também algumas ideias sobre este problema, a fim de que o leitor possa ajuizar com mais propriedade alguns dos oráculos transmitidos no Livro 6º de Heródoto.

Fontenrose, no livro que temos vindo a citar (o qual, embora bastante controverso, condensa o resultado de mais de quatro décadas de investigação), afirma que a reputação de ambiguidade é uma ideia totalmente moderna[58]. No entanto, ao defender esta perspectiva, o estudioso desvaloriza o esclarecedor testemunho de Plutarco (a única fonte literária que geralmente aceita), que desempenhou a função de sacerdote em Delfos e conhecia, com certeza, o oráculo muito melhor do que nós. As palavras do polígrafo de Queroneia são tão claras que praticamente dispensam comentários[59]:

---

[53] Falamos de ambiguidade de sentido, não da forma como a Pítia transmitia os oráculos, pois somos de opinião que esta, de maneira geral, falaria de forma coerente. Quanto à questão de a Pitonisa dar os oráculos em prosa ou em verso, pensamos que o terá feito das duas formas, embora os versos não tivessem certamente a grandiosidade épica de certos oráculos que nos são transmitidos por Heródoto e outras fontes literárias. *Cf.* Roux, *Delphes*, 157 sqq.

[54] 1.53.3.

[55] Este é um dos elementos que ajudam a defender a perspectiva de que a Pítia podia ver os consulentes.

[56] *Cf.* 1.90-91.

[57] O que não implica que tenha sido inventado por Heródoto; poderia circular já na tradição oral, posta a circular possivelmente por Delfos, e que o historiador recolheu.

[58] *The Delphic oracle*, 236.

[59] *Por que razão a Pítia já não dá oráculos em verso*, 407d-e. Usamos a tradução de Maria Helena da Rocha Pereira, *Hélade. Antologia da cultura grega* (Coimbra, ⁶1995) 471.

«Não me admiro, portanto, se houve necessidade de uma certa ambiguidade, circunlóquios e obscuridade, para a gente de antanho. De facto, não era um qualquer que ia lá consultar o oráculo sobre a compra de um escravo, nem sobre a sua ocupação, mas sim cidades poderosas, reis e tiranos, cujos pensamentos nada tinham de moderados, que iam procurar o deus para regular o seu procedimento. Ora, não era vantajoso aos que se encontravam no santuário contrariá--los e irritá-los com respostas alheias aos seus desígnios. [...] Uma vez que usa de servidores e de adivinhos mortais, a quem deve cuidados e protecção, a fim de não perecerem às mãos dos malvados os que prestam culto ao deus, não quer revelar a verdade, mas, usando de divertículos na sua apresentação, como se reflectisse no meio dos versos um raio de luz, que recebesse reflexos múltiplos e se pulverizasse por todo, retira-lhe a sua dureza e rigidez. Havia naturalmente assuntos em que era conveniente que os tiranos ficassem na ignorância, e os inimigos nada pressentissem. Envolvia-os, pois, em palavras incertas e ambíguas, que ocultavam a sentença aos outros, mas não escapavam ao próprio, nem passavam despercebidas aos que dela precisavam e que estavam atentos.»

Além de salientar a variedade de assuntos que eram tratados em Delfos, Plutarco começa por admitir que a ambiguidade dos oráculos era uma forma hábil de evitar que o resultado da consulta contrariasse os desígnios de quem a havia solicitado, deixando entrever que, pelo menos em questões graves, a resposta permitia algum espaço de manobra quer ao consulente quer aos próprios responsáveis pelo oráculo. A ideia de proteger estes últimos é, de resto, reforçada logo a seguir. Por fim, a obscuridade constituía também uma forma de impedir que o oráculo caísse nas mãos erradas, pois, se era ambíguo para os restantes, o seu sentido tornava-se claro para quem o havia pedido. E, pela nossa parte, ainda poderíamos acrescentar que, assim, a eficácia do oráculo ficava sempre salvaguardada. De resto, um dos epítetos de Apolo, que ocorreu já no início das *Euménides*, parece remeter para esta realidade: Lóxias, que significa à letra 'oblíquo, indirecto'[60]. Não será de concluir que os oráculos de Apolo eram "forçosamente" ambíguos, mas não se afigura improvável a ideia de que, sempre que a natureza da consulta o

---

[60] Fontenrose, *The Delphic oracle*, 236 e n. 4, procura pôr em causa esta etimologia, de raiz estóica.

recomendasse, a Pítia ou os seus interpretes optassem por esta medida de prevenção[61].

Entre a religiosidade pessoal, as correntes místicas e as práticas do legalismo, situa-se uma zona intermédia que também exercia muita influência, sobretudo nas pequenas questões do dia-a-dia, e que hoje não consideraríamos parte integrante da religião. Nos *Trabalhos e Dias*, abundam as práticas legalistas, como quando Hesíodo aconselha o lavrador a pedir para o campo a bênção de Zeus Ctónio e de Deméter, antes mesmo de iniciar a lavra[62]. Ora, a segunda parte do poema, aquela que se liga mais directamente aos *Dias* fastos e nefastos, e que não deve ser da autoria de Hesíodo, está impregnada de pequenas crenças que incluiríamos preferencialmente no domínio da superstição. Para os antigos, contudo, o seu carácter prescritivo e ritualista encontrava-se relativamente próximo da prática legalista. A seu lado alinhavam também o crédito dispensado a presságios, premonições de vária ordem e visões oníricas, a que se procurava atribuir um significado mais profundo[63]. Nas *Histórias* de Heródoto, estes elementos aparecem com muita frequência e o Livro 6.º não constitui excepção. É o caso da visão que Hípias tivera, na noite anterior a conduzir os Persas a Maratona[64], segundo a qual lhe parecera ter-se deitado com a própria mãe. Ao interpretar o sonho, Hípias deduziu que a mãe seria a cidade de Atenas, à qual regressaria para retomar o poder. Porém, o antigo tirano veio a compreender, pouco depois, no seguimento de um outro presságio, que esta primeira leitura estava errada. De facto, quando se encontrava a dispor as tropas, foi acometido por um ataque de tosse tal que lhe fez saltar um dente da boca, mercê da violência dos espasmos e da idade.

---

[61] Parke, *Greek oracles*, 70, chega mesmo a defender que, até ao desaire da expedição de Creso (cujas oferendas magníficas fizeram os Délfios supor que o monarca possuía recursos inesgotáveis), o oráculo de Delfos ainda não haveria feito nenhuma predição tão desastrosa e que, a partir dessa data, deve ter prevalecido a preocupação de jogar pelo seguro, particularmente em matéria de política externa. Contudo, levado uma vez mais pela aparente invencibilidade dos Persas após a queda de Creso e conquista de cidades gregas da Ásia Menor, o oráculo vai "medizar" durante o grande conflito que opôs a Ásia à Europa. A este ponto se voltará mais tarde.

[62] Vv. 465 sqq.

[63] Sobre este aspecto, *vide* Martin P. Nilsson, *Greek folk religion* (Philadelphia, rep. 1972), em especial o cap. "Legalism and superstition; Hell". Este livro cita-se, daqui em diante, por Nilsson, *Greek folk religion*.

[64] *Cf. infra* capítulos 107-108. Este não era o único lugar à escolha para o desembarque das tropas persas, pelo que Hípias se pode ter deixado levar também pela superstição, já que seu pai, Pisístrato, tinha avançado sobre Atenas por esse lado, com bons resultados (*cf.* 1.62).

Segundo um critério frequente em Heródoto, a interpretação incorrecta do sonho torna-se evidente quando confrontada com o segundo presságio, que levou Hípias a reconhecer o erro: «Esta terra não nos pertence nem nós a poderemos dominar: a parte que a mim cabia, ocupa-a o meu dente.» Encontramos outro caso em Agarista que, pouco tempo antes do parto, sonhara que iria dar à luz um leão, símbolo de força e de realeza; e, de facto, daí a alguns dias, nasceu Péricles[65].

Aqueles exemplos, contudo, ainda não se ligavam directamente a Apolo, ao contrário do que acontece com o próprio Dátis que, de regresso à Ásia depois da Batalha de Maratona, teve também uma visão nocturna. Heródoto não especifica o conteúdo, por desconhecê-lo, mas, pela manhã, o comandante fez uma busca aos navios e encontrou, num barco fenício, uma estátua de Apolo. Com ela se dirigiu a Delos, para que os seus habitantes, que já antes poupara, a remetessem a Délion, santuário de onde fora saqueada, em território tebano[66]. Quando o mesmo Dátis se encontrava ainda no início da ofensiva contra a Grécia, passou por Delos e, sem praticar qualquer acção destruidora, ofereceu ao deus uma grande quantidade de incenso. Porém, ao deixar a ilha, esta foi sacudida por um terramoto, único até ao seu tempo, segundo Heródoto, e sinal dos grandes males que estavam para se abater sobre a Grécia, em resultado das campanhas de Dario, Xerxes e de Artaxerxes. A respeito do fenómeno circulava inclusive um oráculo: «Abalarei a própria Delos, sendo embora inabalável.»[67] Noutro ponto[68], Heródoto retoma o princípio de que a divindade costuma enviar sinais dos males que estão para se

---

[65] 6.131.2.

[66] 6.118. Este episódio parece enquadrar-se numa política persa de deferência pela ilha onde nascera Apolo e pelo seu próprio oráculo, seja porque geralmente os Persas respeitavam as divindades estrangeiras, seja por o oráculo lhes ser favorável, ou então para não exasperarem os Iónios que integravam os seus contingentes e tinham esses lugares como sagrados (*cf.* ainda 6.97). Os Délios, contudo, apenas vinte anos mais tarde, no seguimento de um oráculo, é que devolveram a estátua ao lugar de origem. Para restabelecer a ordem no culto, foi necessário combinar uma visão onírica com um oráculo. *Cf.* Jutta Kirchberg, *Die Funktion der Orakel im Werke Herodots* (Göttingen, 1965) 86-87; daqui em diante citado por Kirchberg, *Die Funktion der Orakel.*

[67] Heródoto salienta (6.98.2) que estes males, que abrangem praticamente todo o séc. V, não foram só causados pelos Persas, mas também por disputas internas pela hegemonia, o que nos poderá fazer pensar na Guerra do Peloponeso. Desta forma, seria possível harmonizar um pouco esta informação com a de Tucídides (2.8.3), que coloca o mesmo sismo no início desse conflito; assim, o *factum mirabile* predizia um século particularmente agitado. Nesta perspectiva se pronuncia Kirchberg, *Die Funktion der Orakel*, 85-86. *Vide* ainda R. Crahay, *La littérature oraculaire chez Hérodote* (Paris, 1956) 293-295; daqui em diante citado por Crahay, *La littérature oraculaire.*

[68] 6.27.

abater sobre os homens. Neste contexto, o historiador está a falar dos habitantes de Quios que receberam o aviso de dois prodígios: de um coro de cem jovens enviados a Delfos, apenas dois haveriam de regressar; todos os restantes morreram vítimas da peste, e não seria de pôr de lado a hipótese de que ela tenha sido remetida pelo próprio Apolo, que já na *Ilíada* (1.43 sqq.) havia castigado os Aqueus de forma semelhante. A segunda premonição aconteceu quando o tecto de uma escola desabou, matando todas as crianças, à excepção de uma[69].

São muito frequentes as notícias das relações de Esparta com Delfos, indício da grande influência que esta cidade detinha sobre o oráculo e que lhe terá sido vantajosa em várias ocasiões[70]. Ao enumerar as prerrogativas dos reis espartanos, Heródoto inclui, no catálogo de privilégios, o facto de, nos dias de lua-nova e no sétimo dia do mês (ambos consagrados a Apolo), o Estado entregar a cada um deles uma vítima adulta para sacrificar a este deus. Logo a seguir, acrescenta ainda que ambos os reis tinham o direito de escolher, cada um, dois Pítios, emissários com a função de consultarem o oráculo, os quais eram sustentados pelos fundos públicos, o que denota a sua importância, pois Esparta era o único Estado a manter uma comissão permanente deste tipo[71]. Aos reis cabia a guarda dos oráculos, embora os Pítios também os conhecessem[72]. Reveladora ainda da importância que Apolo detinha na cidade é a festa das gimnopedias, celebrada no Verão, onde grupos de crianças, jovens e homens executavam cantos, danças e provas várias em honra do deus[73]. Um outro indício claro da relação privilegiada que Esparta clamava ter com Delfos reside na origem lendária da sua monarquia dualista[74]. A lenda, defendida pelos Lacedemónios, narrava que Argeia, esposa de Aristodemo, por aquela altura rei de Esparta, dera à luz dois gémeos. Pouco depois do nascimento destes, Aristodemo morria

---

[69] Certamente em virtude de um terramoto, cuja responsabilidade caberá talvez a Poséidon (*cf.* 7.129). Macan *ad loc.* pronuncia-se pela hipótese de que seja Zeus o motor de ambos os desastres, mas adianta também a possibilidade de que os cem jovens constituiriam dois coros de ditirambos, enviados em honra de Dioniso, e que Apolo se terá indisposto com eles por isso.

[70] Nilsson, *Greek folk religion*, 130 sqq., salienta que essa influência foi particularmente útil na Guerra do Peloponeso, mas que tal aproveitamento político do oráculo acabaria por afectar a sua credibilidade. Voltaremos à questão das manobras políticas em Delfos mais tarde.

[71] *Cf.* Parke, *Greek oracles*, 58.
[72] 6.57.2 e 4.
[73] 6.67.2.
[74] 6.52.1 sqq.

e os Lacedemónios procuraram fazer rei o primogénito, segundo o costume. Como os não conseguissem distinguir, resolveram interrogar a mãe, que, desejando a realeza para ambos, afirmou não saber também qual era o primogénito, embora estivesse consciente da verdade. Para desfazer o impasse, consultaram a Pítia, que lhes disse para fazerem reis ambas as crianças, mas prestando maiores honras ao primogénito[75]. A Pitonisa instaurava, assim, a monarquia dualista, mas não resolvia o problema que motivara a consulta, cuja solução seria, afinal, encontrada por certo Panites, oriundo de Messena. Portanto, a inteligência humana não ficou dispensada de descobrir a melhor forma de executar completamente o conselho divino.

A cláusula apontada pela Pítia, de que ao primogénito deveria ser concedida uma honra maior, permite a Heródoto explicar por que razão a casa do rei Demarato era menos ilustre que a de Cleómenes[76]. O desentendimento crescente entre os dois soberanos vai levar a que Cleómenes tente derrubar do trono o parceiro. De entre as várias manobras ensaiadas ressalta uma que trará consequências nefastas para mais de uma pessoa. Instigado por Cleómenes, Leutíquides, que pertencia à casa de Demarato e desejava substituí-lo no trono, acusou-o perante a justiça, pretendendo provar que não governava legitimamente sobre os Lacedemónios. Apoiava-se na suposição de que Demarato não era filho de Aríston, antigo rei de Esparta, por sobre este pesar a suspeita de esterilidade[77]. Como o assunto levantasse muita polémica, resolveu-se consultar o oráculo de Delfos, recurso premeditado por Cleómenes. De facto, ele atraíra, entretanto, a simpatia de certo Cóbon, homem influente no lugar, que convencera a Pitonisa, de nome Periala, a responder que Demarato não era filho de Aríston, informação que levou à sua deposição[78]. Este episódio é um dos mais discutidos, pois parece mostrar que o oráculo podia ser usado para atingir fins políticos[79]. Contudo, o

---

[75] Fontenrose, *The Delphic oracle*, 407, coloca esta resposta entre os oráculos de carácter lendário e afirma que, para situá-la no tempo, seria necessário recuar até ao séc. XII a.C. No mesmo sentido se pronuncia Crahay, *La littérature oraculaire*, 159-160.

[76] *Cf.* 6.51.

[77] *Cf.* 6.65.

[78] Kirchberg, *Die Funktion der Orakel*, 67, salienta que a Pítia poderia, afinal, ter dito a verdade, já que a própria mãe de Demarato não tinha a certeza de que este fosse filho de Aríston, remetendo o assunto para a esfera sobrenatural. Kirchberg termina argumentando que, de qualquer das formas, a história acaba por reforçar a crédito do oráculo, uma vez que todos os culpados foram castigados (68). *Vide* ainda Crahay, *La littérature oraculaire*, 163-165.

[79] Para outros exemplos de utilização política do oráculo, *cf. e.g.* Heródoto 5.63.1 e 6.123.2 (que trataremos a seguir); Tucídides, 5.16.2.

desfecho da história vem apoiar o princípio da imparcialidade e inocência de Apolo. De facto, com o tempo, a manobra foi descoberta e Cóbon viu-se obrigado a fugir de Delfos, Periala foi destituída do ministério de profetisa e Cleómenes, o principal arquitecto da intriga, saiu primeiro de Esparta e acabaria por perecer miseravelmente. Na verdade, tomado de loucura, golpeou-se repetidamente até sucumbir às próprias mãos. Para Heródoto e para a maioria dos Gregos, esta sorte foi a punição por ele ter ousado corromper a Pítia[80]. Por último, Pausânias, cerca de seis séculos mais tarde, ainda afirmava que este caso fora único na sua natureza[81]. O passo tem também sido aproveitado para mostrar que, por vezes, a Pitonisa teria acesso, de antemão, às questões dos consulentes, o que lhe daria tempo (ou ao *prophetes* ou a um dos *hosioi*, que acolitavam a sessão) para preparar uma resposta em verso[82]. Por outro lado, se apenas a Pítia foi punida, então era só ela a responsável pelos oráculos ou, de outra forma, o *prophetes* também teria sido castigado[83]. No mesmo livro, Heródoto dá outro exemplo de manobras interesseiras em Delfos, que, sendo embora da responsabilidade dos Atenienses, visavam afectar os Lacedemónios. O passo ocorre num momento em que o historiador está empenhado em defender os Alcmeónidas contra a acusação de que teriam sido eles a fazer sinais aos Persas com um escudo, depois da batalha de Maratona[84]. Ao salientar o papel da família no derrube da tirania dos Pisístratos, recorda o rumor de que eles, valendo-se da sua posição em Delfos, teriam dado instruções à Pítia para que esta ordenasse aos Espartanos que fossem livrar Atenas da tirania[85].

Ainda relacionado com Cleómenes, encontramos um oráculo de Delfos que lhe vaticinara que haveria de tomar a cidade de Argos[86]. E quando aconteceu enfrentar os Argivos em campo aberto, estes,

---

[80] *Cf.* 6.74-75 e 6.84. Apontavam-se ainda as seguintes causas: ter saqueado o santuário de Perséfone e Deméter, quando atacou Elêusis; haver assassinado à traição os Argivos, fazendo-os sair do bosque do herói Argos, que incendiou sem qualquer respeito; ter convivido com os Citas e, com eles, aprendido a beber vinho puro.

[81] *Apud* Parke, *Greek oracles*, 101.

[82] *Vide* Fontenrose, *The Delphic oracle*, 224, que admite a possibilidade, embora com reservas que nos parecem globalmente excessivas.

[83] Temos a referência à figura de Cóbon, mas Heródoto não diz que ele desempenhava esse cargo. *Cf.* Roux, *Delphes*, 163.

[84] *Cf.* 6.115.

[85] 6.123.2; *cf.* 5.62-63. Esparta concedeu essa ajuda, mas a intriga viria a ser descoberta (*cf.* 5.90.1). Kirchberg, *Die Funktion der Orakel*, 72, nota, com acerto, que Heródoto vê o suborno patrocinado pelos Alcmeónidas numa perspectiva muito diferente daquela com que avaliara o caso de Cleómenes: este intrigara para proveito próprio; os outros fizeram--no em favor da liberdade de Atenas.

[86] 6.76 sqq.

surpreendidos enquanto tomavam a refeição, sofreram pesadas baixas. Os que conseguiram escapar refugiaram-se num bosque que existia nas imediações, consagrado ao herói Argos. Cleómenes cercou-os e, chamando-os com promessas de que tinha o resgate de cada um, ia-os matando à traição, até que foi descoberto. Então, ordenou aos hilotas que rodeassem o bosque com lenha, ateando-lhe o fogo em seguida. Só nessa altura lhe ocorreu perguntar a quem é que o bosque era dedicado e, ouvida a resposta, exclamou: «Ah, Apolo, senhor dos oráculos, bem me enganaste ao vaticinar que iria tomar Argos; creio que, para mim, o oráculo se cumpriu.»[87] Este episódio, embora não tão famoso quanto o de Creso da Lídia, que atrás recordámos, ilustra também a ambivalência que caracterizaria algumas das respostas da Pítia, que neste caso assenta numa confusão de homonímia.

Em relação com esta derrota infligida pelos Espartanos em Sepeia, Heródoto reproduz um oráculo em verso, que teria sido dado em conjunto aos Argivos e aos Milésios, embora o historiador o reproduza em dois lugares diferentes. Os versos iniciais diziam respeito aos Argivos[88]: «Mas quando a mulher vitoriosa expulsar o homem, e granjear a glória na terra de Argos, então fará com que muitas das Argivas firam o rosto. E assim dirá a geração futura: a terrível serpente de tríplice espira sucumbiu, dominada pela lança.» O sentido deste oráculo é bastante obscuro, o que talvez jogue a favor da sua autenticidade[89]. Macan, *ad loc.*, aventa várias hipóteses interpretativas: 1ª favorável a Argos: a mulher vitoriosa (Hera, protectora de Argos) expulsará Lacedémon, mítico esposo de Esparta, embora isso custe muitas lágrimas às Argivas. Para coadunar esta interpretação com a narrativa de Heródoto, deve admitir-se que a vitória de Hera reside no facto de a deusa, aquando do sacrifício propiciatório no seu templo, indicar a Cleómenes que deveria partir, sem tomar a cidade (cf. 6.82); 2ª contrária a Argos: Esparta (elemento feminino) vencerá Argos (elemento masculino), desgraça que trará lamentos sem conta; 3ª esta interpretação fornece uma explicação clara, mas incompatível com a narrativa de Heródoto, se bem que esteja de acordo com o que afirmam outras fontes. Segundo esta leitura, a mulher é identificada com a poetisa Telesila que, à cabeça das Argivas, consegue afastar Cleómenes da cidade,

---
[87] 6. 80.
[88] 6.77.2.
[89] Fontenrose, *The Delphic oracle*, 313, considera falso todo o conjunto (a parte dos Argivos e a dos Milésios). Pela nossa parte, não pomos de lado a hipótese da autenticidade, embora a forma com que chegou até nós deva ser resultado de um tratamento poético, possivelmente da responsabilidade de Heródoto; possui mesmo ecos de fórmulas épicas, como seria de esperar num oráculo escrito em verso dactílico. *Cf.* o mesmo Fontenrose, 70-71, 169, 186.

depois de este ter derrotado os homens de Argos[90]. Embora não os cite em conjunto, Heródoto é a única fonte a afirmar que o oráculo pedido pelos Argivos tinha uma parte que dizia respeito aos Milésios. Esta é reproduzida pouco depois do início do Livro[91]: «E então, Mileto, maquinadora de malévolas acções, para muitos te volverás em repasto e dádiva soberba; as tuas esposas hão-de lavar os pés a muitos homens de longas cabeleiras e a outros caberá o cuidado do nosso santuário em Dídima.» Esta parte do oráculo não tem a obscuridade da anterior, pois o próprio Heródoto, a seguir, fornece a interpretação: os homens foram, na sua maioria, mortos pelos Persas de longas cabeleiras, enquanto as suas mulheres e filhos se tornaram escravos; quanto ao santuário de Dídima, depois de saqueado, foi-lhe ateado o fogo[92].

Depois da morte de Cleómenes, os Eginetas enviaram a Esparta mensageiros, a fim de que, por intermédio de Leutíquides, recuperassem os reféns retidos em Atenas[93]. Uma vez que os Atenienses os não queriam entregar, Leutíquides vai contar a história de Glauco, espartano que tinha fama de observar a justiça de forma irrepreensível. Atraído por esse rumor, certo Milésio confiou-lhe uma grande soma de dinheiro, com instruções para a entregar a quem se lhe apresentasse com as marcas combinadas. Muito tempo depois, os filhos desse homem foram ter com Glauco, reclamando o depósito, mas o lacedemónio, que procurava fugir ao compromisso, consultou o oráculo, para saber se poderia apoderar-se da fortuna através de um juramento, ao que a Pítia retorquiu[94]: «Glauco Epicídida, de momento é mais vantajoso vencer por um juramento e ficar com o dinheiro. Jura, pois a morte também atende o homem de juramentos sinceros. Contudo, o filho do Juramento não tem nome, nem mãos nem pés: no entanto, impetuoso, persegue o culpado, até o agarrar e destruir toda a estirpe e toda a casa. Mas a raça do que se manteve fiel aos juramentos terá, de futuro, melhor sorte.» Ao escutar a resposta, Glauco pediu perdão a Apolo, mas a Pitonisa acrescentou que pôr o deus à prova e praticar a má acção eram faltas equivalentes. Três gerações mais tarde – acrescentava Leutíquides – a casa de Glauco fora totalmente

---

[90] *Cf.* Pausânias, 2.20.8. No entanto, tal como Heródoto, talvez nos devêssemos abster de procurar uma solução específica, pois isso é deixar-se enlear pelo enigma elaborado pelos Délfios, aberto a várias interpretações. *Vide* observações de H. W. Parke & D. E. W. Wormell, *The Delphic oracle* (Oxford, 1956) I.158-160.

[91] 6.19.2.

[92] Ainda assim, o último verso do oráculo refere-se a uma transferência na manutenção deste templo de Apolo, não à sua destruição.

[93] *Cf.* 6.85 sqq.

[94] 6.86.γ.

extinta[95]. Fontenrose recusa-se a considerar genuíno o oráculo, bem como a admitir a existência histórica de Glauco, apontando algumas razões de peso[96]. O Lacedemónio tinha-se atrevido a perguntar ao deus se, através do perjúrio, poderia ter lucros pessoais, tal como, na história de Creso, este ousara pôr à prova a eficácia de Apolo. No caso de Creso, a história realça a *hybris* do rei, preparando a sua ruína; com Glauco, temos a recorrência de um tema popular que procura, no fim, reforçar a elevada moral délfica, segundo a qual, além da obrigação de honrar os juramentos, se sustenta o princípio de que a intenção equivale à falta cometida. A propósito do mesmo passo, Nilsson salienta, ainda, que Apolo, na sua qualidade de deus da purificação ritual, acabou por exigir também a pureza de pensamento[97].

Milcíades, filho de Címon, foi o grande arquitecto da Batalha de Maratona e com ele se encontram relacionados alguns oráculos que vamos analisar. Antes, contudo, convirá recordar que o seu tio paterno, também de nome Milcíades, filho de Cípselo, foi o grande colonizador do Quersoneso; ora Heródoto narra que ele foi incumbido dessa missão no seguimento de um oráculo. De facto, os habitantes da região, oprimidos pela guerra, consultaram Delfos, a fim de se aconselharem relativamente ao conflito. A Pítia respondeu-lhes que conduzissem à sua terra, para aí fundar uma colónia, a primeira pessoa que, ao saírem do templo, os convidasse a permanecer em sua casa como hóspedes. Somente em Atenas isso aconteceu, na pessoa desse Milcíades, filho de Cípselo, que, informado do teor do oráculo e cansado da tirania de Pisístrato, que então dominava Atenas, aceitou dar-lhe seguimento, não sem antes consultar de novo a Pitonisa para saber se eram mesmo essas as intenções do deus[98]. E foi assim que partiu, levando consigo os Atenienses que o desejaram, vindo depois a ser feito tirano da nova cidade[99]. A iniciativa de questionar o oráculo cabe aos homens, em ambos os casos, e a resposta do deus é

---

[95] Apesar da ameaça latente, os Atenienses não se deixaram impressionar (*cf.* 6.87 sqq.).

[96] *The Delphic oracle*, 113, 118-119, onde também defende que a verbalização do oráculo revela influência directa de Hesíodo, *Trabalhos e Dias*, vv. 213-341.

[97] *Religiosidad griega*, 59. No mesmo sentido se pronuncia Parke, *Greek oracles*, 99-100. *Vide* também Kirchberg, *Die Funktion der Orakel*, 33-35, para quem a história de Glauco representa o *Extremfall* de alguém que, do elevado pedestal da justiça, se viu arrastado para a aniquilação de toda a sua casa.

[98] 6.34-36.

[99] Macan *ad loc.* salienta que, por essa altura, Atenas já nutria ideias de expansionismo para nordeste, projecto iniciado possivelmente por Sólon e que, por conseguinte, a iniciativa de fundar uma colónia poderia ter partido dos próprios Atenienses. Fontenrose, *The Delphic oracle*, 304-305, considera espúrios ambos os oráculos e inverosímil a história.

oportuna, pois o escolhido, além de ser uma pessoa poderosa, mostrava ensejos de livrar-se da tutela de Pisístrato. Milcíades identifica, assim, o conselho divino com o seu próprio interesse, mas, como medida de precaução, faz o que nem Creso nem Cleómenes (no caso da conquista de Argos) tiveram o cuidado de fazer: pedir nova consulta como certificado dos reais desígnios do deus[100].

O domínio do Quersoneso iria permitir ao outro Milcíades, filho de Címon, conquistar a ilha de Lemnos para os Atenienses, que constituiu um dos seus títulos pessoais de glória, a par da acção crucial desempenhada na Batalha de Maratona. De facto, os Pelasgos tinham-se comprometido a entregar Lemnos aos Atenienses, quando um barco, ao sopro do vento norte, fizesse num só dia a distância que separava a ilha e a cidade de Atenas, o que, em princípio, seria impossível, pois a Ática ficava a sul de Lemnos. Milcíades pôde cumprir a exigência, ao navegar a partir de Eleunte, no Quersoneso[101]. Este compromisso assumido pelos Pelasgos viera no seguimento de um oráculo de Apolo. Por terem massacrado com grande crueldade as mulheres atenienses, que haviam raptado, e respectivos filhos entretanto nascidos, a terra, as mulheres e os rebanhos foram acometidos de penosa esterilidade. Delfos, aonde enviaram emissários, aconselhou-os a pagarem aos Atenienses a reparação que estes pedissem. A exigência foi a entrega incondicional da ilha, a que os Pelasgos acederam, nos termos acima descritos, convencidos de que jamais se reuniriam as condições para o seu cumprimento. O episódio ilustra a preocupação de justificar o direito de propriedade sobre Lemnos e também a habilidade interpretativa usada em procedimentos legais. Mas, no que respeita directamente ao oráculo, assinala o papel catártico que este detinha. Apolo era o deus das purificações e ele próprio, segundo a lenda, tivera de purgar a morte dos Ciclopes e da serpente guardiã de Delfos[102]. Portanto, foi com razão que os Pelasgos se dirigiram a ele para lhes indicar a forma de se lavarem do crime cometido e da poluição que, com ele, contraíram.

O excurso sobre a tomada de Lemnos, além de constituir uma pausa apropriada na narrativa antes da passagem para o livro seguinte, ajuda a reabilitar a imagem do vencedor da Maratona, abalada com o fim miserável que o estratego ateniense teve. De facto, Milcíades pereceu vítima da gangrena que lhe atacou a anca, consequência provável de um

---

[100] *Vide* também, Kirchberg, *Die Funktion der Orakel*, 81-82.
[101] *Cf.* 6.139.3-140.
[102] *Vide* Parker, *Miasma*, 378.

ferimento que fizera na tentativa de conquistar Paros[103]. Heródoto informa-nos de que, segundo a versão oficial dos Périos, Milcíades teria tido o auxílio de uma prisioneira de guerra, de nome Timo (sacerdotisa de Perséfone e Deméter), que haveria de valer-lhe apenas a fatal ferida. Depois da retirada dos Atenienses, os Périos procuraram castigar a sacerdotisa traidora, interrogando Delfos sobre a forma de proceder. A Pítia, contudo, afirmou que Timo não era culpada das acusações que lhe imputavam; como Milcíades estava destinado a ter um mau fim, a divindade serviu-se apenas da imagem de Timo para o guiar no caminho da perdição[104]. Fontenrose pensa que o oráculo é espúrio e que terá sido inventado pelos Périos à imagem de outras lendas gregas[105]. Para Heródoto, contudo, o destino marcado que pendia sobre Milcíades serve para minorar, em parte, o impacto causado pelo seu fim inglorioso e, desta forma, mantê-lo na galeria das grandes figuras[106].

Chegámos, assim, ao termo desta indagação sobre a presença do oráculo de Delfos no Livro 6º das *Histórias*. Através dela se pode avaliar a importância que a acção orientadora de Apolo assume na obra de Heródoto e, por extensão, em toda a cultura e mentalidade gregas. Um dos aspectos que a nós, modernos, surpreende bastante é o facto de o oráculo ter "medizado" durante as Guerras Medo-Persas[107] e não ter perdido a credibilidade por isso. A melhor explicação para o problema ainda continua a ser a de Dodds, com cujas palavras encerramos este estudo[108]: «Numa cultura de culpa, a necessidade de segurança sobrenatural por uma autoridade que transcendesse o homem parece ser extremamente forte. Mas a Grécia não tinha uma Bíblia nem uma Igreja; é por isso que Apolo, vigário na terra do Pai sagrado, veio preencher a lacuna. [...] Os Gregos acreditavam no seu Oráculo, não porque fossem uns tolos supersticiosos, mas porque não podiam deixar de acreditar.»

---

[103] *Cf.* 6.134.2.
[104] 6.135.3.
[105] *The Delphic oracle*, 78 e 315.
[106] *Cf.* Kirchberg, *Die Funktion der Orakel*, 84.
[107] *Cf.* 7.139-140. *Vide* ainda Parke, *Greek oracles*, 102-104.
[108] *The Greeks and the irrational*, trad. port. *Os Gregos e o irracional* (Lisboa, 1988) 87-88.

HISTÓRIAS
Livro 6.º
Tradução

Assim morre Aristágoras, depois de ter provocado a sublevação 1.1
da Iónia, enquanto Histieu, tirano do Mileto, se apresentou em Sardes,
com o consentimento de Dario[1]. Chegado de Susa, o governador de
Sardes Artafernes perguntou-lhe por que razão, em sua opinião, se teriam
revoltado os Iónios. Respondeu ele que não sabia e mostrava espanto
pelo sucedido, como se realmente nada conhecesse da presente situação[2].
Mas Artafernes, conhecedor da axacta verdade da revolta, vendo que ele 2
o estava a enganar, disse-lhe: «Eis como se passaram essas coisas, Histieu:
este calçado coseste-o tu, mas calçou-o Aristágoras[3]».

---

[1] Esssa autorização vem referida no capítulo 107 do Livro 5. Histieu era, de facto, o verdadeiro tirano de Mileto, embora Heródoto dê esse título a Aristágoras no Livro 5. 49. 1. Seu braço direito, o cargo foi-lhe confiado pelo primeiro quando se ausentou para Sardes e aí ficou retido por Dario (cf. 5. 30. 2).

A morte de Aristágoras, que se verifica em 497 a. C., é narrada, de forma um pouco ambígua, no final do Livro 5 (cap. 126), com uma implícita crítica a esse general. Vide P. Tozzi, «Erodoto e le responsabilità dell' inizio della rivolta ionica», *Athenaeum* 65 (1977) 127 sqq.

Dario I, como é sabido, foi um dos maiores monarcas da Pérsia e reinou de 521 a 486 a. C. Sobre Dario *vide* Asheri, *Erodoto, Istorie* III, nota ad 88. 1.

[2] Histieu já negara ao próprio rei Dario esta sua responsabilidade na revolta no final do Livro 5. 106. 3-6. Na opinião de J. A. S. Evans, «Histieus and Aristágoras: Notes on the Ionian Revolt», *American Journal of Philology* 84 (1963)113-128, há em Heródoto um constante sublinhar da ambiguidade de comportamento de Histieu e considera que toda a tradição que faz dele o principal responsável da revolta talvez derive da sua propaganda pessoal entre 496 a. C. e a sua morte.

Artafernes era sátrapa de Sardes, nomeado em 512 a. C. (cf. Hdt. 5. 25. 1), e tinha autoridade sobre a Lídia e a Iónia (cf. 5. 30. 5). Fará parte das forças persas da Batalha de Maratona e, como especifica Heródoto em 6. 94. 9-10, aparece representado no painel da batalha que Polignoto pintou na Stoa Poikile "Pórtico das Pinturas" da Ágora de Atenas. Heródoto sublinha várias vezes a fidelidade de Artafernes a Dario. *Vide* R. Schmitt, *AantHung* 24 (1976) 29.

[3] Trata-se de uma frase proverbial na Antiguidade, talvez de origem oriental, já que se não encontram outras ocorrências na Grécia.

2.1   Com estas palavras Artafernes fazia alusão à revolta, e Histieu, com receio de que o Persa tudo percebera, mal a noite caiu, escapou-se em direcção ao mar, depois de por completo ter enganado o rei Dario, e, como prometera conquistar a Sardenha, a maior das ilhas, assumiu o
 2   comando dos Iónios na guerra contra Dario[4]. Mas, tendo desembarcado em Quios, foi preso pelos Quiotas, acusado de contra eles tramar novas acções por conta de Dario. Todavia, logo que os Quiotas souberam toda a história – que ele era inimigo do rei – puseram-no em liberdade[5].
 3   Interrogado então pelos Iónios sobre a razão pela qual incitou com tanto zelo Aristágoras e revoltar-se comtra o Rei e a ser o causador de tão grande desgraça para os Iónios, Histieu não lhes revelou a verdadeira causa, mas dizia-lhes que o rei Dario planeava deportar os Fenícios e instalá-los na Iónia, e os Iónios na Fenícia[6]. Essa era a razão por que dera tais ordens. Embora o Rei em nenhum momento tivesse planeado semelhante medida, ele pretendia lançar o medo entre os Iónios.

Heródoto especifica o papel de Aristágoras na revolta e acentua o seu papel de protagonista (cf. 5. 30. 1-3, 98.1), mas sublinha as intrigas de Histieu como a causa dessa sublevação (cf. Hdt. 5. 35. 3-4) e apresenta-o como a mente e o homem sombra de toda a operação. *Vide* Macan ad loc. e G. Nenci, *Erodoto, Le Storie* VI, p. 165-166 ad loc.

[4] Esssa promessa de conquistar a Sardenha é feita por Histieu a Dario, com intenções dolosas, no capítulo 106. 3 do Livro 5, a também aí referida como a maior ilha que existe. Na Antiguidade, pelo menos até ao tempo de Estrabão, considerava-se a Sardenha a maior das ilhas conhecidas. Era-o, de facto, se se considerar apenas a extensão das zonas costeiras – a parte da ilha que afinal os Gregos conheciam. *Vide* R. J. Rowland, «The biggest island in the world», *Classical World* 68 (1975) 438-439; G. Nenci, *Erodoto, Le Storie* V, p. nota a 106. 2, linhas 5-9.

O engano contra os Persas é sublinhado frequentemente. Aliás o temor do dolo tem grande papel nas *Histórias* de Heródoto, quer para o condenar na ética de Delfos e grega, quer em função da narrativa. Tenha-se em conta a gravidade que a mentira representava para os Persas, como sublinha o historiador no Livro 1: (136.2 e 138. 1, respectivamente). Sobre o assunto *vide* M. Dorati, *Quaderni di Storia* 19 (1993) 65-84; J. S. Catlin, *Deception and Related Motifs in the Histories of Herodotus*.

[5] Os Quiotas e os Milésios estavam ligados por antigas relações de amizade, pelo menos desde o início do séc. VI a. C., em consequência da ajuda que Quios prestou a Mileto na guerra contra o pai de Creso, o rei Lídio Aliates (c. 605-560 a. C.), a que Heródoto se refere no Livro 1. 18.3.

Segundo D. Musti, *Storia greca* (Roma-Bari, 1989), p. 283, a partida de Histieu para Quios, Lesbos e Tasos insere-se numa tentativa de deslocar o centro da revolta para áreas mais a norte e mais afastadas das portas dos Persas, o que não estaria em desacordo com os últimos movimentos de Aristágoras.

[6] Era frequente a utilização da prática da deportação entre os Persas, bem como nas monarquias orientais (cf. Hdt. 5. 14.1, para os Peónios; 6. 20. 1-4 e 119.7, para os Milésios e para os Eritreus, respectivamente). Sobre as transferências forçadas dentro do império persa *vide* D. Ambaglio, «Il motivo della deportazione in Erodoto», *Rendiconti dell'Istituto Lombardo* 109 (1975) 378-383.

Em seguida Histieu, por intermédio de Hermipo, um homem de 4.1
Atarneu[7], que serviu de seu mensageiro, enviou missivas aos Persas que
se encontravam em Sardes, como se estes anteriormente com ele tivessem
já falado acerca da sublevação[8]. Hermipo, no entanto, não entregou as
cartas a quem eram enviadas, mas deu-as em mão a Artafernes. E este, 2
inteirado de tudo o que estava a acontecer, ordenou a Hermipo que
entregasse as missivas enviadas por Histieu e que lhe devolvesse as
respostas remetidas pelos Persas a Hestieu. Descobertas deste modo as
conspirações, Artafernes condenou à morte elevado número de Persas.

Enquanto Sardes passava por esta perturbação, Histieu, perdida 5.1
que fora aquela esperança, repatriaram-no os Quiotas para Mileto, a
pedido do próprio. Mas os Milésios, contentes de se terem libertado de
Aristágoras, de modo algum estavam dispostos a aceitar outro tirano na
região, tão gostosa era a experiência da liberdade[9]. E na verdade, como 2
Histieu, a coberto da noite, tentasse entrar pela força em Mileto, foi
ferido na coxa por um Milésio. Desse modo, como foi expulso do seu
próprio país, retrocedeu para Quios; mas dali – visto que não conseguia
convencer os Quiotas a fornecerem-lhe navios – embarcou para Mitilene
e persuadiu os Lésbios a concederem-lhe esses barcos. E estes, equipadas 3

Naturalmente que a prespectiva de ceder as suas terras aos Fenícios, que detestavam, seria odiosa aos Iónios, em consequência de longa rivalidade marítima e comercial. Temos aqui mais uma insistência no carácter doloso de Histieu. Vide P. B. Meanville, «Aristagoras and Histiaieos. The leadership struggle in the Ionian revolt», *Classical Quartely* 27 (1977) 80 sqq.

[7] Cidade da Eólia, situada em frente da ilha de Lesbos. No Livro 1. 160. 4 precisa--se que se trata de um território da Mísia que ficava fonteiro à ilha de Lesbos. Atarneu possuía uma fértil planície, como lembra o historiador em 6. 28. 7, onde os cereais abundavam (cf. Xenofonte, *Helénicas* 3. 2. 2).

Hermipo é uma figura grega que não nos aparece referido em outras fontes, aqui referido mesmo sem patronímico.

[8] Não é de todo impossível que, dos oficiais persas colocados em Sardes, houvesse alguns descontentes com Artafernes, quer por serem partidários da paz e considerarem errada a estratégia seguida na guerra, quer devido ao desastre que sofreram na Cária em 497/496 a. C. (cf. 5. 121). É no entanto mais natural que se não tratasse de Persas, mas de Lídios que desejavam aproveitar a revolta dos Iónios para restaurar o antigo reino de Creso. Vide G. Nenci, *Erodoto, Le Storie* VI, p. 169-170; How-Wells II, *ad loc*. Também poderiam ser Cários, de cuja presença em Sardes nos dão notícia as inscrições. Vide J. G. Pedley, *Journal of Hellenic Studies* 94 (1974) 96-99.

[9] Esta afirmação – aliás já avançada por Heródoto em 5. 37. 2 – parece ser fruto do conceito negativo que o historiador tem em relação a Aristágoras, já que ele teria, de facto, abolido a tirania em Mileto. Sobre a tirania de Aristágoras ou, pelo contrário, a sua possível abolição por ele vide A. R. Burn, *Persia and the Greeks. The Defence of the West, 546-478* (Londres, 1962), p.197.

oito trirremes[10], zarparam com Histieu para Bizâncio, onde assentaram base, e apoderavam-se de todos os navios que procediam do Ponto, com excepção dos que se declaravam dispostos a obedecer às ordens de Histieu[11].

6   Desse modo procediam Histieu e os Mitilénios. Por outro lado, contra a própria Mileto, era esperado um numeroso exército, tanto de mar como de terra, visto que os comandantes dos Persas[12] reunidos os efectivos e constituída uma força única, avançavam sobre Mileto, concedendo menor atenção às outras cidades. Da frota, os mais desejosos de combater eram os Fenícios, mas também participavam na expedição Cipriotas, recentemente submetidos, Cilícios e Egípcios[13].

7   Enquanto eles marchavam contra Mileto e a restante Iónia, os Iónios, por seu lado, ao ter conhecimento de tais factos, enviaram delegados seus ao Paniónion[14]. Aos que se reuniram nesse lugar para deliberar pareceu sensato não reunir um exército de terra para contrapor aos Persas, mas que seriam os próprios Milésios a defenderem as

---

[10] A trirreme era um barco que não tinha sido inventada há muito tempo, talvez entre 530 e 525 a. C.

[11] Histieu dirigiu-se a Bizâncio naturalmente por se tratar de um ponto importante para o controlo da entrada no Mar Negro e dos aprovisionamentos em cereais. Sobre a cidade de Bizâncio vide J. Boardman, *I Greci sui mari* (trad. ital., Firenze, 1980), p. 271; Narciso Santos Yanguas e Marina Picazo, *La colonización griega* (Madrid, 1980), p. 285. Sobre o nome grego do Mar Negro vide W. S. Allen, «The Name of the Black Sea in Greek», *Classical Quarterly* 41 (1947) 86-88.

Pela afirmação de Heródoto em 6. 26. 1, Histieu apenas aprisionava os navios mercantes. Tudo parece indicar, portanto, que pretenderia garantir aos Iónios o fornecimento de cereais numa zona que era dominada pelos Persas.

[12] Heródoto refere-se aos comandantes das forças terrestres.

Com o termo "cidades" referidas a seguir Heródoto não alude à *pólis* grega, como entidade político-territorial, mas a um aglomerado urbano: a palavra usada é *polismata*.

[13] Os Fenícios, naturalmente os mais numerosos da frota, desejavam vivamente a derrota dos Iónios, com certeza por motivos comerciais. A submissão de Chipre – que Heródoto narra em 5. 108-116 – verificou-se no ano 496 a. C., portanto, durante a revolta iónica, depois de um ano de liberdade. Segundo Heródoto 7. 89 sqq., a Fenícia, o Egipto, a Cilícia e Chipre comparticiparam na expedição de Xerxes, em 480 a. C., com 750 navios. Sobre a pouca importância dos Egípcios e Cilícios como combatentes cf. Hdt. 8. 68g e 100. 4.

[14] O Paniónion é o santuário federal dos Iónios que ficava situado na base do Monte Mícale. Heródoto descreve-o em 1. 148. 1 e refere-se a ele em 1. 141. 4, 142. 1, 143. 3, 170.1. Vide José Ribeiro Ferreira, *Hélade e Helenos. I—Génese e evolução de um conceito* (Coimbra, 21993), p. 141 e nota 4.

Os *probulos* "delegados" faziam parte do conselho iónio para a guerra que, embora com carácter transitório, foi criado durante a revolta. Vide G. Fogazza, «Per una storia della lega ionica», *Parola del Passato* 28 (1973) 155 sqq.; F. Cassola, *Scritti di storia antica. Istituzioni e politica. I – Grecia* (Napoli, 1993), pp. 106-117.

muralhas e que se equipasse uma frota, sem esquecer nenhum navio, e, uma vez prontos os barcos, se reunissem o mais perto possível de Lade para travar uma batalha naval em defesa de Mileto. Lade é uma pequena ilha situada em frente da cidade de Mileto[15].

Depois destes acontecimentos, aparelhados os navios, os Iónios compareceram no lugar indicado e com eles também os Eólios que habitam Lesbos[16]. Dispuseram-se do seguinte modo: a ala oriental ocupavam-na os próprios Milésios que forneciam oitenta navios; junto destes encontravam-se os habitantes de Priene com doze barcos e os de Miunte com três; ao lado destes últimos colocavam-se os de Teos com dezassete navios e depois deles os Quiotas com cem[17]. Próximo destes

8.1

2

---

[15] Lade protegia o maior dos quatro portos de Mileto. Cf. Arriano, *Anábase* 1. 18 sqq. Hoje a ilha está ligada ao continente asiático, graças aos aluviões que, com o tempo o Meandro foi depositando. Assim se formou um cabo que fecha o golfo Latmíaco, de modo que essa pequena ilha, ainda existente no tempo de Estrabão, é hoje uma colina que dista do mar cerca de três quilómetros.

[16] Lesbos era uma ilha do Egeu, com cinco cidades: Mitilene, Metimna, Ereso, Antissa e Pirra. *Vide* E. Akurgal, *Ancient Civilization and Ruins of Turkey* (Istambul, 41978), pp. 185-206.

Como se disse em 5. 122 os Eólios do continente tinham sido já submetidos pelos Persas. Sobre as cidades que não enviaram efectivos e o motivo por que o não fizeram *vide* How-Wells, *A commentary* II, pp. 67-68. Na narração da revolta, Heródoto distingue sempre genericamente entre Eólios e Iónios.

[17] O modo como Heródoto descreve os efectivos navais, aqui como em outros locais, talvez se inspire no "Catálogo das Naus" do Canto 2 da *Ilíada* (vv. 484 sqq.), embora obedeça também às manobras realizadas e ao desenrolar da batalha.

A ordem da descrição dos efectivos na Batalha de Lade é feita por uma sequência geográfica aproximada, de sul para norte, com excepção do que respeita a Samos e Miunte (esta devia ser nomeada depois de Priene e logo seguida de Samos). Mas das treze cidades da Simaquia Iónica – outros falam em doze cidades –, faltam na enumeração de Heródoto Éfeso, Clazómenas, Cólofon, Lébedo e Esmirna, quer por abstenção, como secedeu com a primeira cidade referida, quer por impossibilidade de o fazer, como é o caso da segunda (cf. Hdt. 5. 123). Sobre a questão do número dos membros da Simaquia iónica *vide* F. Cassola, *Scritti di storia antica. Istituzioni e politica*. I – *Grecia* (Napoli, 1993), pp. 112 sqq.

Priene era uma cidade grega, situada no território da actual Turquia. Várias vezes nomeada por Heródoto, foi célebre devido a Bias, um dos sete sábios (cf. Hdt. 1. 127. 2 e 170).

Miunte era uma pequena cidade da Iónia, a que se refere Hecateu, *FGrHist* 1 F 235.

Teos, uma ilha do Egeu, situada a cerca de 40 km. a sudoeste de Esmirna. *Vide* G. E. Bean, *Aegean Turkey. An Archaeological Guide* (Londres, 1966), pp. 136-146.

Considerada por Tucídides 8. 45. 4 a mais rica das ilhas, Quios era uma das Espórades meridionais. Segundo Estrabão 13. 1. 18, teve antes o nome de Pitiusas. *Vide* K. Tausend, *Grazer Beiträge* 17 (1990) 67-79; P. Ph. Argenti, *Bibliography of Chios from Classical Times to 1936* (Oxford, 1940).

dispunham-se os Eritreus e os Foceenses, disponibilizando os Eritreus oito barcos e os Foceenses três; aos Foceenses seguiam-se os Lésbios com setenta navios; e por fim, na ala ocidental, alinhavam-se os Sámios com sessenta barcos. O número total de todos os efectivos perfazia trezentos e cinquenta e três trirremes[18].

9.1 Estas eram as forças navais dos Iónios, enquanto o número de navios dos Bárbaros atingia a soma de seiscentos[19]. Quando também a frota persa chegou às imediações de Mileto e em seu apoio estava presente todo o exército de terra, então os generais persas, ao ter conhecimento do número de barcos iónios, tiveram receio de não serem capazes de os superar e, por conseguinte, não conseguirem conquistar Mileto, por não serem senhores do mar, arriscando-se ainda a receber de Dario alguma
2 punição. Reflectindo sobre estas preocupações, reuniram os tiranos dos Iónios que, depostos dos seus cargos por Aristágoras de Mileto[20], se haviam refugiado junto dos Medos e participavam agora na expedição contra Mileto; convocaram, pois, os generais quantos desses homens
3 estavam presentes e dirigiram-lhes as seguintes palavras: «Homens iónios, cada um de vós se mostre agora bom servidor da casa real; ou seja, cada um procure separar os seus concidadãos do grosso da aliança. Fazendo promessas, anunciai-lhes que não sofrerão qualquer dano, por causa da rebelião; que não serão queimados, nem as pessoas, nem os santuários, nem as casas particulares; e que não terão uma situação mais
4 pesada do que a anterior. Mas se não procederem assim e, pelo contrário, de todo se empenham no combate, ameaçai-os, apontando-lhes desde já

Erétria era uma cidade grega da Ásia Menor, bem como Foceia. O reduzido número de navios talvez se deva ao facto de os Foceenses terem partido para o ocidente depois da conquista persa da cidade (cf. Hdt. 1. 164.3). Repare-se o contraste entre estes três barcos e os sessenta que, segundo Heródoto 1. 166. 2, enviaram para a batalha naval de Alalia, travada em águas da Córsega, por volta de 535 a. C., contra os Etruscos e Cartagineses.

[18] Apesar de a soma ser verosímil, o facto de ser quase idêntica às frotas gregas que actuaram no Cabo Artemísio e em Salamina – menos 18 e 25 trirremes, respectivamente (cf. Hdt. 8. 1 e 8. 48) – faz duvidar que todos os barcos aqui referidos sejam trirremes, tanto mais que nas batalhas acabadas de referir participaram ainda pentecôteras. *Vide* U. Cozzoli, «Dionisio de Focena», in *Scritti storico-epigrafici in memoria di M. Zambelli* (Roma, 1978), pp. 87-102.

[19] Trata-se sem dúvida de uma cifra convencional, exagerada e canónica em relação à frota persa, já que nos aparece repetida em outras ocasiões, como acontece, por exemplo, na expedição contra a Cítia (4. 87. 1) e na invasão de Dates e Artafrenes contra a Grécia, que culminou na Batalha de Maratona, em 590 a. C.(6. 95). *Vide* P. Briant, *Histoire de l' Empire perse. De Cyrus à Alexandre* (Paris, 1996), p. 167; H. T. Wallinga, «The Ionian Revolt», *Mnemosyne* 37 (1984) 401-437.

[20] Essa deposição vem contada em 5. 37-38.

as calamidades que os atingirão: que, vencidos na batalha, serão feitos escravos, que castraremos os seus filhos e deportaremos as filhas para Bactra[21], e que a região a concederemos a outros.»

Isto foi, em resumo, o que disseram os generais, e os tiranos dos Iónios enviaram de noite as missivas, cada um deles aos seus concidadãos[22]. Mas aqueles, junto de quem chegavam essas mensagens, continuaram na sua insensatez[23] e não admitiam a traição, mas cada um julgava que os Persas haviam enviado as mensagens unicamente a si. Isto foi o que aconteceu logo que os Persas chegaram a Mileto.

Entre os Iónios concentrados em Lade devem ter-se verificado reuniões e provavelmente entre eles usaram da palavra diversos oradores[24], entre os quais estava Dionísio, estratego dos Foceenses, que disse o seguinte: «Na ponta de uma lâmina se encontra a nossa sorte, homens da Iónia: ser livres ou escravos e, para mais, escravos fugitivos[25]. Pois bem, se em tal contexto estais dispostos a afrontar o sofrimento, tereis no momento presente fadigas, mas, superados os adversários, estareis em condições de continuar livres. Se, pelo contrário, usardes de moleza e de indisciplina, não tenho para vós qualquer esperança de que não pagareis ao rei a sublevação. Mas deixai-vos persuadir e colocai--vos às minhas ordens, que eu vos prometo, mantendo-se os deuses imparciais, que ou os inimigos não atacarão ou, se o fizerem, sofrerão severa derrota.»[26]

---

[21] Bactra era uma cidade da região de Sogdiana, que ficava nos confins orientais do império persa. Era uma terra que, para os Gregos, era lugar de deportação.

As ameaças aqui feitas correspondem às que, na prática, os Persas submetiam os povos vencidos: escravização dos homens, castração dos filhos do sexo masculino ainda pequenos, deportação das mulheres para locais afastados e entrega das terras a outros povos. Sobre esta prática persa *vide* G. Nenci, VI, pp. 175-176 nota a 6. 9, linhas 20-22.

[22] Naturalmente aos estrategos que comandavam os contingentes que se encontravam em Lade e não aos que se encontravam nas cidades. *Vide* Ph.-E. Legrand, *Hérodote, Histoires* VI, p. 11 nota 2.

[23] Parece estranha esta afirmação de insensatez por parte dos Iónios, mas Heródoto mostra, ao longo da sua obra, certo desprezo por eles, como se pode ver em 1. 153, 2. 1. 2, 4. 142. *Vide* L. Solmsen, «Speeches in Herodotus' Account of the Ionic Revolt», *Americam Journal of Philology* 64 (1953) 200, nota 9.

[24] Há paralelismo nos antecedentes das batalhas de Lade e de Salamina. Cf. 8. 49 e 56 sqq. Este modo de introduzir o discurso tem ressonâncias homéricas (e. g. *Ilíada* 4. 1, 8. 230). *Vide* How-Wells, *A Commentary* II, p. ad loc.; G. Nenci, *Erodoto, Le Istorie* VI, p. 176 nota a 11, linha 2.

[25] Expressão que se tornou proverbial e tem origem épica (e. g. *Ilíada* 10. 173).

[26] Dionísio *vide* J. S. Morrison, R. T. Williams, *Greek Oared Ships, 900-322 B. C.* (Cambridge, 1968), pp. 135-139. Heródoto 6. 17 informa-nos das actividades posteriores de Dionísio na Sicília e dos danos causados na frota etrusca e cartaginesa.

12.1   Ao escutarem estas palavras, os Iónios puseram-se às ordens de Dionísio que fazia sair a cada passo os navios em coluna para treinar os remadores, fazendo evolucionar os barcos uns por entre os outros, e para armar os soldados de bordo[27]; e no resto do dia mantinha os barcos
2   ancorados e obrigava os Iónios à fadiga durante todo o dia. Obedeceram pois durante sete dias e fizeram o que era ordenado, mas no dia seguinte a estes os Iónios, que não estavam habituados e semelhantes fadigas, esgotados pelo esforço e pelo calor, murmuraram entre si nos seguintes
3   termos: «Que deus ofendemos nós para sofrer estas coisas? Nós devíamos estar loucos e fora do nosso juízo, ao confiarmo-nos a um homem de Foceia, um charlatão que forneceu três navios; e, tendo-se apoderado de nós, mortifica-nos com fadigas insuportáveis, a ponto do muitos de nós terem caído doentes e muitos outros estão em riscos de sofrer a mesma sorte[28]. Em vez destas calamidades, para nós, é preferível suportar qualquer outra coisa e aguentar a escravatura futura, seja qual seja, a estar sujeito à presente[29]. Pois bem, de futuro não lhe obedeçamos».
4   Estes eram os murmúrios. E, desde esse momento, ninguém mais queria obedecer; pelo contrário, como se fora um exército de terra, ergueram tendas na ilha, gozavam da sombra e não queriam embarcar nem efectuar exercícios.

Segundo Carlos Schrader, *Heródoto, Historia* V-VI (Madrid, 1988), p. 224 nota 43, talvez tenha sido nomeado chefe da frota iónica pelos probulos reunidos no Paniónio, de que nos falou Heródoto no capítulo 7, e não como consequência do discurso que acaba de proferir. Já F. Cassola, *Scritti di storia antica. Istituzioni e politica* I— Grecia, p. 112 foi nomeado depois da campanha iniciada não pela assembleia do Paniónion, mas numa reunião de oficiais. É possível que a nomeação de alguém que comandava escasso número de navios para chefe de toda a frota visasse evitar as invejas e receios dos que traziam mais barcos. Sobre o assunto *vide* C. Roebuck, «The Early Ionian League», *Classical Philology* 50 (1950) 37 nota 19.

[27] A manobra de fazer evolucionar os navios em coluna até ao largo e depois proceder à passagem de uns por entre os outros volta a ser referida nas operações relacionadas com a batalha do Cabo Artemísio (cf. 8. 9). Sobre esta táctica naval *vide* J. F. Lazenby, *Greece & Rome* 34 (1987) 169-177; J. Taillardat, in M. I. Finley (ed.), *Problèmes de la guerre en Grèce ancienne* (Paris-La haye, 1968), pp. 183-205. Sobre outros passos em que é referida a táctica e sobre outras ocasiões em que foi usada *vide* Carlos Schrader, *Heródoto, Historia* V-VI (Madrid, 1988), p. 225 nota 44; G. Nenci, *Erodoto, Le Storie* VI, p. 178 nota a 12, linhas 2-5.

[28] Talvez de malária, uma doença que, segundo o *Corpus Hipocraticum*, era frequente nas costas da Ásia Menor e em toda a área do Egeu.

[29] Estamos perante outra manifestação de tendência anti-iónica de Heródoto.

Ao verificarem o que estava a acontecer entre os Iónios, os 13.1 estrategos de Samos – a quem então Éaces, filho de Silosonte[30], por ordem dos Persas, enviara pouco antes as referidas propostas, solicitando--lhes que abandonassem a aliança dos Iónios –, os Sámios, portanto, aceitaram as propostas, por verem, por um lado, que reinava muita indisciplina entre os Iónios[31] e, por outro, porque se lhes mostrava impossível superar o poderio do rei, bem conscientes de que, se a frota presente vencesse a de Dario, chegaria outra cinco vezes superior[32]. 2 Encontravam assim um pretexto[33], logo que viram que os Iónios se recusavam a cumprir o seu dever, e consideravam de grande prudência pôr a salvo os seus templos e bens particulares. E esse Éaces, cujas propostas os Sámios aceitaram, era filho de Silosonte, que, quando tirano de Samos, fora privado do poder por Aristágoras de Mileto, como aliás os demais tiranos da Iónia[34].

Com as coisas neste pé, quando os Fenícios zarparam, ainda os 14.1 Iónios se fizeram ao mar, formados em coluna, para os enfrentar[35]. Mas, quando ficaram lado a lado e se misturaram uns com os outros, desde esse momento não sou capaz de descrever com exactidão quem dentre os Iónios se comportou de uma maneira cobarde ou valente no decurso

---

[30] Silosonte era irmão do tirano Polícrates e por este tinha sido expulso de Samos (cf. 3. 39.2). Depois da morte de Polícrates, com o apoio de Dario, tornou-se senhor da ilha (cf. 3. 139 sqq.). Éaces sucede a seu pai no governo de Samos e é apontado por Heródoto 4. 138 entre os tiranos da Iónia.

[31] Os próprios Sámios contribuíam para esssa indisciplina. Heródoto procura justificar o comportamento de Samos, talvez por simpatia para com a ilha em que esteve refugiado até 468/467 a. C. Cf. Eusébio, *Chrn.: Ol.* 78. 1. Vide A. Hauvette, *Hérodote historien des guerres médiques* (Paris, 1894), p. 13; Carlos Schrader, *Heródoto: Historia. Libros V-VI* (Madrid, Biblioteca Clásica Gredos, 1988), p. 227 nota 51. É bem possível que Heródoto esteja a utilizar, de forma acrítica, uma fonte sâmia. *Vide* G. Nenci, *Erodoto, Le Storie* VI, p. 179 nota a 13, linhas 7-9.

[32] Trata-se de evidente exagero, já que, como se pode ver em 7. 89, a frota de Xerxes em Salamina rondava os 1200 barcos, incluindo os contingentes navais gregos e cários, ou, segundo o que diz o historiador em 7. 97, seriam cerca de três mil navios, incluindo os barcos auxiliares.

[33] Segundo L. Pearson, «Prophasis. A clarification», *Transactions and Proceedings of the American Philological Association* 103 (1973) 381 sqq., o termo grego *próphasis* tanto pode significar um pretexto justificado como injustificado.

[34] Cf. Heródoto 5. 37. 2.

[35] Da frota persa, apenas se nomeiam os Fenícios, talvez por serem os mais numerosos ou por serem os mais acérrimos adversários dos Iónios.

A Batalha de Lade foi a mais importante, depois da de Salamina, pelo número de forças envolvidas e ter-se-ia dado nos inícios da Primavera ou do Verão de 494 a. C. *Vide* R. van Compernolle, «La date de la bataille navale de Ladè», *Antiquité Classique* 27 (1958) 383-389.

2   da referida batalha, já que eles se acusam mutuamente. Mas conta-se que nesse momento os Sâmios, de cordo com o que fora estipulado com Éaces, içaram velas e abandonaram a formação, a caminho de Samos, com excepção de onze navios, cujos trierarcos se mantiveram nos seus postos e travaram
3   batalha, desobedecendo aos estrategos[36]. E a comunidade dos Sámios, em recompensa desse feito, concedeu-lhes que os seus nomes e os dos pais fossem inscritos numa estela, como homens valorosos, estela essa que se encontra na Ágora. Ao verem que os seus vizinhos de formação fugiam, também os Lésbios imitaram os Sámios; e o mesmo foi fazendo a maior parte dos Iónios[37].
15.1   De quantos permaneceram no combate, os Quiotas sofreram a sorte mais cruel, porque praticaram feitos esplêndidos e não mostraram premeditada cobardia. Ora eles haviam fornecido, como já anteriormente foi referido, cem navios e em cada um deles fizeram embarcar quarenta
2   soldados de elite, recrutados entre os cidadãos[38]. Vendo que a maior parte dos aliados desertava, não lhes parecia digno ter um comportamento igual ao daqueles cobardes, mas, sós, com o apoio de exíguo número de aliados[39], prosseguiram o combate, monobrando por entre os barcos, até que, depois de terem capturado numerosas unidades inimigas, perderam a maior parte das suas.

---

[36] O trierarco – composto relacionado com os termos gregos *triêres* "trirreme" e de *archê* "poder, governo" – era o comandante ou capitão de um barco, enquanto os estrategos seriam os chefes militares da frota.

[37] É bem possível que estas deserções sejam fruto de antigas tensões entre as cidades iónicas. Sobre o assunto D. Laneiner, «The Failure of the Ionaian Revolt», *Historia* 31 (1982) 129-160.

Os onze trierarcos não desertores pertenceriam com certeza à aristocracia de Samos, contrária aos filopersas que eram partidários da tirania. How-Wells, *A Commentary* II, ad 6. 14. 3 não tem dúvidas disso. O seu heroísmo teria sido reconhecido mais tarde pela sua *pólis*, depois da segunda invasão medo-persa, talvez após a Batalha de Mícale, em 479 a. C. Recorde-se que Samos foi uma *pólis* aristocrática até 440 a. C. (cf. Tucídides 1. 115.2).

Talvez Heródoto, durante a sua estadia em Samos, tivesse observado essa estela. Vide B. M. Mitchell, «Herodotus and Samos», *Journal of Hellenic Studies* 95 (1975) 75 sqq. Sobre o significado dessa estela honorífica com os nomes dos que caíram em combate e do dos seus pais *vide* G. Nenci, *Erodoto, Le Storie* VI, p. 180 nota a 14, linhas 10-11.

[38] Número possivelmente exagerado. Na Batalha de Salamina cada navio persa possuía trinta e os atenienses dezoito – quatro archeiros e catorze hoplitas (cf. Plutarco, *Temístocles* 14. 2). Tendo em conta estes dados, embora R. Flacelière, *Plutarque, Vies* II (Paris, 1961), p. 223, How-Wells, *A Commentary* II, nota ad 15. 1 considera a cifra de quarenta exagerado. Mas G. Nenci, *Erodoto, Le Storie* VI, p. 181-182 nota a 15, linha 4 observa que a táctica aqui referida da navegação cruzada (διέκπλους) exige um maior número de marinheiros e que, portanto, a afirmação de Heródoto pode não constituir um anacronismo.

[39] Afirmação naturalmente exagerada, já que os Milésios, cuja defesa da cidade estava dependente da frota, não teriam fugido, e o mesmo deveria ter acontecido com os navios de Priene e os de Miunte, dada a sua proximidade geográfica.

Então os Quiotas, com os navios que lhes restavam, fugiram rumo 16.1
ao seu país, mas todos aqueles que tinham os navios incapazes de navegar
devido aos danos sofridos, ao verem-se perseguidos, refugiaram-se em
Mícale[40]. Então, fundeados aí os barcos, abondonaram-nos e regressaram
a pé, através do continente. Mas, quando os Quiotas, no seu trajecto, 2
desembocaram no território de Éfeso, onde chegaram de noite e no
momento em que as mulheres celebravam as Tesmofórias[41], então os
Efésios, desconhecedores do que antes acontecera aos Quiotas, ao ver
que um grupo armado irrompera no seu país, plenamente convencidos
de que eram ladrões e vinham pelas suas mulheres, acorreram em massa
para as socorrer e mataram os Quiotas.

Foram estas, portanto, as desventuras que sobre eles desabaram. 17
Por seu lado, Dioníso de Foceia, quando percebeu que a causa dos Iónios
estava perdida, capturou três navios inimigos e fez-se à vela mas não
rumo a Foceia, pois bem sabia que tinha sido subjugada com a restante
Iónia. Mas, sem perder tempo e com os meios que tinha, navega para a
Fenícia, onde afunda barcos de mercadoria[42] e, depois de amontoar muita
riqueza, encaminhou-se para a Sicília e, a partir daí, executava operações
de pirataria, nunca contra Gregos, mas contra Cartagineses e Tirrenos[43].

Os Persas, depois de terem vencido os Iónios na batalha naval, 18
cercaram Mileto por terra e por mar, escavaram sob os muros,
empregando todo o tipo de máquinas de guerra, e dominaram-na por

---

[40] Promontório montanhoso da Iónia, fronteiro à ilha de Samos (cf. 1. 148.1). Era a sede do Paniónion e do santuário federal de Poséidon Helicónio.

[41] Festas em honra de Perséfone e de Deméter, que se realizavam no Outono, em Outubro-Novembro, e que, em quase todas as regiões gregas, estavam exclusivamente destinadas às mulheres. Com carácter agrário, estavam nitidamente relacionadas com a fertilidade do solo e com as sementeiras. Vide Maria de Fátima Silva, *Aristófanes, As Mulheres que Celebram as Tesmofórias* (Coimbra, 1978), p. 11 nota 1.
Éfeso ficava situada cerca de 40 km a nordeste de Mícale.

[42] O termo grego é *gaulos*, "barco de mercadoria ou de carga" e assim se designava uma espécie de barco fenício de mercadoria (cf. Hesíquio, s. v.). Vide Carlos Schrader, *Heródoto, Historia*, Libros V-VI (Madrid, 1988), p. 233 nota 71; Ph.-E. Legrand, *Hérodote, Histoires* VI (Paris, 1963), p. 16 nota 2; J. Rougé, *La marine dans l'Antiquité* (Paris, 1975), pp. 83 sqq.

[43] O nome grego dos Etruscos que, em Heródoto, de dialecto iónico, aparece como *Tirsênos*.
Dionísio aparecia como um patriota, ao perturbar o comércio de Cartago e da Etrúria e ao deixar em paz os Gregos. Podemos, portanto, pensar que a pirataria era aceite ou pelo menos tolerada na Sicília, como informa Tucídides 1.5, para a época arcaica. Vide H. A. Ormerod, *Piracy in the Ancient World* (Londres, 1924), pp. 156-157.

completo, no sexto ano a contar da revolta de Aristágoras[44]. E de tal modo escravizaram a cidade que o desastre veio a ficar de acordo com o oráculo dado a Mileto.

19.1   Na verdade, aos Argivos, que em Delfos consultavam o oráculo sobre a salvação da sua cidade[45], foi dada uma resposta comum que em parte fazia alusão aos Argivos propriamente ditos, mas incluía uma adição
2   destinada aos Milésios. Ora a parte respeitante aos Argivos recordá-la--ei quando chegar ao ponto correspondente da narração[46]; mas as palavras dirigidas aos Milésios, que não se encontravam presentes, rezam assim:
E agora tu, Mileto, que maquinas acções iníquas,
para muitos serás banquete e esplêndida dádiva.
As tuas mulheres lavarão os pés de desvairadas gentes de longos
[cabelos
e do nosso santuário em Dídima outros cuidarão[47].

---

[44] A técnica de "escavar sob os muros" consistia em escavar pequenos túneis sob as muralhas e exigia grande número de homens e maquinismos. *Vide* Y. Garland, *La guerre dans l' antiquité* (Paris, 1972), pp. 128-130. G. Nenci, p. 183 *ad* 18, linhas 2-3.
    A queda de Mileto deu-se no Outono de 494 a. C. *Vide* N. G. L. Hammond, «Studies in Greek Chronology», *Historia* 4 (1955) 385 sqq.
    A expressão, que traduzi por "dominaram por completo", é homérica (cf. e. g. *Ilíada* 13. 772, 15. 557-558) e significa à letra "dominar desde a parte alta ou de cima a baixo". Passou depois a indicar a conquista de uma cidade, com inclusão da acrópole. Naturalmente que esta reminiscência homérica transmite à conquista de Mileto a amplitude trágica da queda de Tróia.
[45] Argos encontrava-se ameaçada pela política expansiva de Esparta, então sob o impulso de Cleómenes I. *Vide* Ed. Will, *Le monde grec et l'Orient* (Paris, 1972), pp. 57 sqq..
    Talvez a consulta dos Argivos se tenha verificado no Verão de 494 a. C. Sobre o oráculo *vide* J. Wells, «Some points as to the chronology of the Reign of Cleomenes I», *Journal of Hellenic Studies* 25 (1905) 193-203; Ph.-E. Legrand, *Hérodote, Histoires* VI (Paris, 1963), p. 17 nota 1; H. W. Parke, D. E. W. Wormell, *The Delphic Oracle* I (Oxford, 1956), pp. 158-160 e 175 que, no entanto, dá ao oráculo uma data entre 520 e 510 ou entre 499 e 494 a. C. *Vide* ainda J. Fontenrose, *The Delphic Oracle* (Berkeley, 1978), pp. 168--170; e supra pp. 43-44.
[46] Aparece referida em 6. 77. 2. É estranho e duvidoso este oráculo sem pergunta prévia, pelo que se pode pensar num pedido de ajuda a Argos. Sobre a situação em Argos, a outra parte do oráculo e sua veracidade *vide* supra p. 43-44.
[47] Dídima é uma localidade que fica a sul de Mileto, cerca de 12 km. Aí se erguia um templo a Apolo que estava a cargo da família dos Branquíadas e por este nome, por isso, de modo geral referida em Heródoto (e. g. 1. 46.2, 92. 2, 158. 1). Os Branquíadas medizaram, ou seja colocaram-se ao serviço dos Persas e viram-se constrangidos a fugir com os Persas em 479 a. C., depois das batalhas de Plateias e de Mícale. Estabelecidos em Bactriana por Xerxes, mais tarde Alexandre Magno pune nos seus descendentes essa traição, segundo informa Estrabão 10. 11. 4.
    Este oráculo, que é tão claro e hostil para Mileto, parece implicar também uma condenação da revolta iónia. *Vide* R. Crahay, *La littérature oraculaire chez Hérodote*

Foi precisamente nessa altura que tais calamidades se abateram sobre os Milésios: quando os homens, na sua maioria, foram mortos pelos Persas, que usavam longos cabelos[48] ; as mulheres e crianças viram--se reduzidos à condição de escravos; e o santuário de Dídima, quer o templo, quer o oráculo, foi saqueado e incendiado[49]. Dos tesouros que se encontravam neste santuário várias vezes fiz menção em outros passos da narrativa[50].

Em seguida, os Milésios que tinham sido capturados vivos foram conduzidos a Susa[51]. E o rei Dario, sem lhes fazer qualquer outro dano, instalou-os nas margens do chamado Mar Eritreu, na cidade de Ampe, junto da qual desemboca no mar a corrente do rio Tigre[52]. Quanto ao território de Mileto, os Persas ocuparam, eles próprios, as zonas em volta da cidade e a planície, concedendo aos Cários de Pedasa a posse das terras altas[53].

Aos Milésios que sofreram estas desgraças da parte dos Persas não puderam manifestar a devida gratidão os Sibaritas que, despojados da sua cidade, residiam em Lao e Cidro[54]. Na verdade, quando Síbaris

3

20

21.1

(Paris, 1956), pp. 175-179. Segundo How-Wells, *A Commentary* II, *ad loc.*, indicia ainda uma negativa predisposição de Delfos em relação a Mileto.

[48] A mesma característica é sublinhada por Ésquilo, fr. 773 Mette. Os Medo-Persas usavam cabelos compridos, em contraste com os Gregos que usavam cabelo curto.

[49] Estrabão 14. 1. 5 descreve os vestígios do santuário, mas refere que o templo foi incendiado e saqueado por Xerxes, talvez confundindo este rei com Dario. Nas escavações realizadas em Susa, foi descoberto um astrálago dos começos do séc. VI a. c., com escrita bustrofédica que mostra tratar-se de uma oferenda votiva ao Santuário de Dídima (cf Jeffrey, *Local Scripts* [Oxford, 1961], pp. 333-334). *Vide* B. Haussoulier, «Offrande à Apollon Didyméen», *Mémoires de la Delegation de Perse* 7 (1905), pp. 155 sqq. (*apud.* Nenci, p. 184-185 nota a 19 linha 10). Portanto devia pertencer ao saque que os Persas realizaram, antes do incêndio.

[50] Leia-se, por exemplo, 1. 46. 2, 92. 2, 157 sqq., 2. 159. 3, 5. 36. 3.

[51] A deportação dos Milésios não deve ter sido completa, já que, entre as forças que participaram na Batalha de Mícale, Heródoto nomeia contingentes de Milésios sublevados (9. 99 e 104)

[52] No tempo de Heródoto os rios Tigre e Eufrates desembocavam separadamente no Golfo Pérsico.

A cidade de Ampe – que Plínio, *Nat. Hist.* 6. 28 (ou 159) denomina Ampelona – não é localizada com exactidão por Heródoto, mas não se devia situar longe de Durina. *Vide* G. Nenci, *Erodoto, Storie* VI, p. 185 nota a 20 linha 3.

[53] Pequena localidade da Cária que ficava situada no interior, cerca de 5 km a norte de Halicarnasso, zona que Heródoto conhecia bem (cf. Hdt. 1. 175, 176, 8. 104, 105.1). Talvez se tenha submetido voluntariamente aos Persas (cf. 6. 25. 2). *Vide* W. W. How e J. Wells, *A Commentary on Herodotus* II, p. 71.

[54] Duas antigas colónias de Síbaris, situadas na costa tirrénica da Lucánia (cf. Estrabão 6. 1. 1) e distantes entre si cerca de 10 km. Receberam com certeza os sibaritas exilados,

2   foi destruída pelos Crotoniatas, todos os Milésios com idade de pegar em armas raparam a cabeça e puseram luto rigoroso, já que estas duas cidades, de todas as que conhecemos, foram as que mantiveram mais estreitos laços de amizade[55]. Mas de modo algum foi idêntico o comportamento dos Atenienses que tornaram claro, de muitas e diversas formas, a grande tristeza que sentiam com a tomada de Mileto e concretamente, no momento em que Frínico compôs e representou o drama *A Queda de Mileto*, o teatro caiu em lágrimas, pelo que aplicaram ao poeta uma multa de mil dracmas, por ter recordado calamidades nacionais, e determinaram que de futuro ninguém mais utilizasse a referida peça[56].

---

depois da destruição da cidade, que se deve ter verificado em 510 a. C. e que Heródoto narra em 5. 44. Lao teria sido fundada na foz do rio de mesmo nome. De Cidro, praticamente nada se conhece. *Vide* J. Bérard, *La colonisation grecque de l'Italie méridionale et de la Sicile dans l'Antiquité* (Paris, 1957), pp.- 146-147; P. G. Guzzo, *Le città scomparse della Magna Grecia* (Roma, 1982), pp. 100, 134-135 e 237-238; G. Nenci, *Erodoto, Storie* VI, p. 185-186 nota a 21 linha 2.

Heródoto teria um bom conhecimento da Sicília e da Magna Grécia, devido à sua participação na fundação da colónia de Túrios pelos Atenienses em 444-443 a. C.

[55] Nas manifestações exteriores de luto, a que Heródoto é muito atento, o rapar o cabelo ou a barba ou, vice-versa, deixá-los crescer estão entre as mais importantes (cf. Hdt. e. g. 1. 82. 7-8 e 175, 2. 36, 4. 71.2, 9. 24).

A tradicional amizade entre Milésios e Sibaritas deve ter razões comerciais. Cf. Ateneu 12, 519b. *Vide* Carlos Schrader, *Heródoto, Historia*, Libros V-VI (Madrid, 1988), p. 237 nota 90.

[56] Frínico era um tragediógrafo ateniense, que teria vivido de cerca de 540 a 470 a. C. e era considerado, com Téspis, um dos criadores da tragédia. A sua primeira vitória em festivais dramáticos verificou-se entre 511 e 508 a. C. A aqui referida peça *A Queda de Mileto*, de que nenhum fragmento sobreviveu, foi possivelmente representada nas Grandes Dionísias de 493 a. C. e possivelmente a mais antiga tentativa de tratar na tragédia um acontecimento da época. O dramaturgo voltou a usar um assunto contemporâneo em *As Fenícias* em que dramatizou a invasão e derrota de Xerxes e que, talvez apresentada em 476, fazia parte da trilogia de que Temístocles foi corego (cf. Plutarco, *Temístocles* 5. 5) – tema que também foi tratado por Ésquilo em *Os Persas*. Frínico parece ter sido o primeiro poeta a pôr em cena personagens femininas. *Vide* A. W. Pickard-Cambridge, *Dithyramb, Tragedy and Commedy* (Oxford, [2]1962), p. 63 sqq.; A. Lesky, *A Tragédia Grega* (trad. port. São Paulo, 1971), p. 73-75; José Ribeiro Ferreira, *Hélade e Helenos* I, p. 225 e 329.

A multa e a proibição de *A Queda de Mileto* têm sem dúvida uma causa política; talvez porque a tragédia constituía uma crítica aos políticos atenienses que tinham decidido apoiar os Iónios sublevados apenas com vinte navios (cf. 5. 97.3) e que logo se haviam retirado, abandonando-os à sua sorte. *Vide* L. Piccirilli, «Carone de Lampsaco de Erodoto», *Annali della Scuola Normale Superiore di Pisa* 5 (1975) 12-44; G. Nenci, *Erodoto, Storie* VI, pp. 187-188 nota a 21 linhas 8-11.

Referem-se à representação e à multa ainda Amiano Marcelino 28. 1. 3-4; Estrabão 14. 1. 7; Eliano 12. 17; Plutarco, *Moralia* 814.

Assim Mileto ficou deserta de Milésios. Entretanto, aos Sâmios **22.**1 que possuíam bens não agradava de modo algum a conduta dos seus estrategos com os Medos[57], pelo que reuniram em conselho logo após a batalha naval e decidiram, antes que o tirano Éaces chegasse à ilha, fazer--se ao mar para fundarem uma colónia e para não servirem como escravos os Medos e Éaces, se aí permanecessem. Ora, por essa mesma altura, os 2 habitantes de Zancle, na Sicília, enviaram mensageiros aos Iónios, convidando-os a transferirem-se para Cale Acte, onde desejavam fundar uma cidade iónia[58]. E este cabo, chamado Belo, pertence aos Sículos, na costa da Sicília que olha para a Tirrénia. Pois, de quantos receberam o convite dos Zânclios, os Sâmios foram os únicos Iónios que se dispuseram a partir e com eles os Milésios que haviam fugido[59].

Foi por certo durante essa viagem que se verificou um episódio **23.**1 que se passou do seguinte modo: os Sâmios, na sua rota para a Sicília, encontravam-se no território dos Lócrios Epizefírios[60], enquanto os Zânclios e o seu rei, que tinha o nome de Cites, cercavam uma cidade dos Sículos, na intenção de a conquistarem. Sabedor disso, o tirano de 2 Région, Anaxilau, que nessa altura estava desavindo com os Zânclios, entrou em contacto com os Sâmios e procurou persuadi-los de que seria preferível renunciar a Cale Acte, para onde navegavam, e ocupar Zancle

---

[57] Refere-se à deserção da frota de Samos em Lade, narrada por Heródoto em 6.14.2.

[58] Zancle, situada na extremidade nordeste da Sicília, onde se encontra a actual Messina, era uma cidade fundada por colonos de Cálcis e de Cumas (cf. Tucídides 6. 4), no século VIII a. C., talvez por volta de 730. O facto de os Sâmios terem sido os únicos a aceitar o convite deve-se com certeza às relações amistosas que havia entre eles e Zancle. Sobre a troca de nome de Zancle para Messene *vide* A. W. Gomme, A. Andrewes e K. J. Dover, *A historical Commentary on Thucydides* IV (Oxford, 1970), pp. 218-219. Sobre a colónia grega de Zancle *vide* E. S. G. Robinson, «Rhegion, Zankle-Messana and Samians», *Journal of Hellenic Studies* 66 (1946) 13-20; S. Consolo Langher, *Siracusa e la Sicilia greca tra età arcaica ed alto Ellenismo* (Messina, 1996), pp. 398-415.

Cale Acte (*Kalê Aktê* "Cabo Belo") – a Calacte dos Romanos, como se vê em Cícero, *Verrinas* 2. 3. 43 – foi de facto fundada mais tarde, em 446 a. C., e situava-se na costa norte da Sicília, numa posição muito favorável da costa de Messina, à distância de uns 100 km para ocidente de Zancle. Portanto, olhava sensivelmente para nordeste, para a Etrúria, a Tirrénia. *Vide* G. Nenci, *Erodoto, Istorie* I, p. 190 nota a 22 linhas 6-9.

[59] Talvez os sobreviventes dos oitenta navios milésios que participaram na Batalha de Lade.

[60] Habitantes da colónia fundada, por volta de 700 a. C., na costa iónia do Brúcio por Lócrios Opúntios, os habitantes da Lócrida oriental. Sobre os Lócrios Epizefírios *vide Locri Epizefiri. Atti del Convegno do Studi sulla Magna Grecia* XVI (Napoli, 1977). Foi pátria do Zaleuco, o mais antigo legislador grego conhecido (cf. Éforo, *FGrHist* 566 F 130 Jacoby), famoso pela severidade do seu código. Sobre Zaleuco *vide* José Ribeiro Ferreira, *A Grécia Antiga. Sociedade e política* (Lisboa, 1992), p. 64.

3   que estava deserta de homens[61]. Os Sâmios deixaram-se persuadir e apoderaram-se de Zancle. Então os Zânclios, logo que tiveram conhecimento de que a sua propria cidade estava ocupada, acorreram em sua defesa e solicitaram ajuda a Hipócrates, tirano de Gela, pois era
4   seu aliado. Mas quando veio em seu apoio com o exército, Hipócrates, sob a alegação de que ele tinha abandonado a cidade, algemou Cites, o monarca do Zânclios, bem como o seu irmão, Pitógenes, e enviou-os para a cidade de Inico (Inix)[62]; quanto aos restantes Zânclios, entregou--os de forma traiçoeira aos Sâmios, depois de com eles ter mantido
5   conversações, lhes ter feito juramentos e deles os ter recebido. Dos Sâmios tinha obtido Hipócrates a garantia da seguinte recompensa: tinha parte em metade dos bens móveis e dos escravos existentes na cidade e recebia
6   a totalidade dos bens dos campos. Além disso, o próprio Hipócrates

---

[61] Région é uma cidade situada na margem continental do Estreito de Messina. Era uma antiga colónia calcídica, fundada por volta de 720 a. C.
Anaxilau foi tirano de Région de 494 a 476 a. C. (cf. Diodoro 11. 48). Após a morte de Hipócrates de Gela, conseguiu apoderar-se de Zancle e assim obteve o domínio no estreito. Nessa altura, estabeleceram-se em Zancle os gregos Messénios, com os quais está ligada a troca de nome da cidade de Zancle para Messene. *Vide* G. Vallet, *Rhégion et Zancle*, pp. 336-377; R. van Compernolle, *Étude de chronologie et d' historiographie siciliotes* (Bruxelles-Rome, 1959), pp. 319-351; N. Luraghi, *Tirannidi arcaiche in Sicilia e Magna Greccia. Da Panezio di Leontini alla caduta dei Deinomenidi* (Firenze, 1994), pp. 202-203.

Gela, referida mais abaixo, era uma colónia grega situada na costa meridional da Sicília, fundada em 690 a. C. por Cretenses e Ródios.

Hipócrates foi tirano da cidade de 498 a 491 a. C. e aspirava estender o seu domínio até à costa oriental da Sicília. No seu tempo Gela tornou talvez a cidade mais importante da Sicília (cf. Hdt. 7. 155; Tucídides 6. 5). *Vide* Carlos Schrader, *Heródoto, Historia* V-VI, p. 241 nota 106; N. Luraghi, *Tirannidi arcaiche in Sicilia e Magna Greccia. Da Panezio di Leontini alla caduta dei Deinomenidi* (Firenze, 1994), pp. 119-186.

Cites foi rei de Zancle entre 498 e 494 a. C., aí estabelecido pelo tirano de Gela Hipócrates e, portanto, na sua dependência. *Vide* N. Luraghi, *Tirannidi arcaiche in Sicilia e Magna Greccia. Da Panezio di Leontini alla caduta dei Deinomenidi* (Firenze, 1994), pp. 119-186.

[62] Pequena localidade conhecida apenas de algumas fontes literárias e de localização ainda incerta: já tem sido colocada em território de Agrigento (a antiga Acragas), de Camarina, de Gela, de Selinunte, mas pelo que diz Heródoto a seguir devia encontrar-se na área de jurisdição de Gela e em sítio de onde fosse possível a fuga para Hímeras. Famosa pelo seu vinho (cf. Hesíquio, s. v. Ἰνυκῖνος οἶνος), era a terra do rei sícano Cócalo, segundo Pausânias 7. 4. 6, e tinha vida cultural como se deduz da informação do *Hípias Maior* de Platão, de que o sofista protagonista do diálogo aí teria ganho mais de vinte minas (282e). *Vide* L. Pareti, *Studi minori di storia antica* II (Roma, 1961), pp. 447-462; G. Nenci, *Erodoto, Le Storie* VI, p. 191 nota a 23 linha 15.

algemou a maior parte dos Zânclios, lançando-os na condição de escravos, mas entregou aos Sâmios trezentos dos mais eminentes deles, para serem executados. Os Sâmios, no entanto, não fizeram tal coisa.

Mas Cites, rei dos Zânclios, foge de Inico para Hímeras[63], desta dirige-se para a Ásia e sobe até à corte do rei Dario que o considerou a pessoa mais justa de todos quantos da Grécia tinham subido até junto de si, visto que foi à Sicília, com anuência do Rei, e de novo regressou da Sicília para junto dele, até que morreu de velhice, muito feliz, entre os Persas[64]. 24.1

2

Deste modo os Sâmios que tinham escapado aos Medos se apoderaram, sem esforço, da belíssima cidade de Zancle.

Depois da batalha naval em frente de Mileto, a solicitação dos Persas, os Fenícios conduziram a Samos Éaces, o filho de Silosonte, por o considerarem digno de reconhecimento e pelos grandes feitos praticados. E de quantos se sublevaram contra Dario, apenas aos Sâmios, devido ao abandono dos seus navios durante a batalha naval, não foram incendiados a cidade e os templos. 25.1

2

Tomada Mileto, os Persas ocuparam rapidamente a Cária e submeteram as suas cidades, umas voluntariamente e outras à força[65].

Assim se passaram estes acontecimentos. Entretanto Histieu de Mileto, que se encontrava em Bizâncio e capturava os barcos de mercadorias iónios que provinham do Ponto, recebeu a notícia do que ocorrera com Mileto. Então confiou os afazeres que o retinham no 26.1

---

[63] Colónia grega na costa norte da Sicília, situada entre as actuais Cefalù e Termini, Imerese foi fundada por Calcídios provenientes de Zancle (cf. Tucídides 6. 5. 1) em 648 a. C. Em 482 a. C. cai sob o domínio de Agrigento. Após um período de florescimento, a cidade foi destruída por Cartago em 409 a. C. (cf. Diodoro 11. 49). Pormenores sobre a cidade e sobre as escavações aí realizadas encontram-se nos três volumes que a missão arqueológica da Universidade de Palermo publicou sob o título de *Himera* I-III 1-2 (Roma, 1970-1996).
Foi nas suas imediações que se travou, em 480 a. C., a batalha que tem o seu nome, na qual Terão de Agrigento e Gélon de Siracusa sairam vencedores da poderosa frota etrusca e cartaginesa, feito que Píndaro, na I *Pítica*, equipara ao de Salamina.

[64] Esta viagem de Cites à Sicília com retorno à Pérsia deve estar relacionada com a ocupação de Zancle pelo seu filho Cadmo (cf. Hdt. 7. 164.1). O de Cites não é caso único de Gregos da Magna Grécia que, com autorização do rei da Pérsia vão à sua terra e retornam. Heródoto 3. 135 sqq. narra o caso idêntico de Gilo de Tarento (sobretudo 138. 1-4).

[65] A Cária, após se ter sublevado, conseguira manter-se livre devido à vitória de Heraclides de Milasa, em 496 a. C. Cf. Hdt. 5. 121. É uma sintética notícia da reocupação da Cária que põe em evidência a divisão aí existente.

Helesponto a Bisaltes de Ábidos, filho de Apolófanes[66]. Ele próprio, com o apoio dos Lésbios, levanta âncora rumo a Quios, mas, ao chegar a um lugar da ilha denominado Grutas[67], deparou com um destacamento de Quiotas que lhe impediam a passagem. Pois eliminou grande número deles e os restantes – já muito maltratados em consequência da batalha naval –, submeteu-os, com a ajuda dos Lésbios, executando as operações a partir de Policna de Quios[68].

27.1 A divindade ama de qualquer modo dar sinais premonitórios, quando estão prestes a advir grandes calamidades a uma cidade ou a um povo. Ora, também antes destes acontecimentos, aos Quiotas sobrevieram notáveis presságios. A tal respeito, ao enviarem a Delfos um coro de cem jovens, apenas dois deles regressaram, enquanto os outros noventa e oito, vitimou-os uma peste que os colheu. Mas além disso, por essa mesma altura, pouco antes da batalha naval, na cidade, caiu o tecto em cima de umas crianças que aprendiam as primeiras letras, de modo que, de cento e vinte que eram, apenas uma se salvou[69]. Estes foram os presságios que a divindade predisse e, depois destes prodígios, aconteceu

---

[66] Ábidos era uma cidade da Mísia, na costa asiática do Helesponto, já nomeada no "Catálogo das Naus" e em outros passos da *Ilíada* (2. 836, 4. 500, 17. 584). Mais tarde colonizada por Milésios em 670 a. C., Heródoto nomeia-a frequentes vezes (e. g. 4. 138. 1; 5. 117; 7. 44, 45, 174; 8 117. 1-2). Foi um dos términos da ponte de barcos construída por Xerxes sobre o Helesponto (cf. Hdt. 9. 114. 1)

O Helesponto aparece aqui como uma designação geográfica mais lata: inclui, além do Helesponto propriamente dito, também o Bósforo e a Propóntida.

Bisaltes, figura desconhecida, é um antropónimo que tem de ser relacionado com o topónimo Bisáltia, da Macedónia (cf. Hdt. 7. 115.1).

[67] Talvez a norte da ilha, onde estaria o destacamento que vigiaria o estreito entre Quios e as ilhas Enusas.

[68] Policna é um termo grego que significa "aldeia" e que, portanto, aparece aplicado a várias localidades (cf. Tucídides 2. 85, 7. 4; Diodoro 13. 7, 14. 72). Cidade ainda não identificada mas possivelmente junto do mar, talvez se localizasse na própria ilha de Quios, ou então em território dependente de Quios. De qualquer modo é a Policna de Quios e não a povoação cretense homónima, a que Heródoto 7. 170. 1 faz alusão.

[69] Temos aqui uma das primeiras referências, senão a mais antiga, a uma escola, um edifício privado em que o mestre recebia os seus discípulos. Vide J. Bowen, *História de la educación occidental* I (trad. espanhol Barcelona, 1976), pp. 124 sqq.

Os cem jovens acima referidos talvez digam respeito a dois coros ou a um coro duplo, já que o coro normal dos ditirambos era constituído usualmente por cinquenta membros. Vide F. R. Adraddos, *Orígenes de la lírica griega* (Madrid, 1976), p. 75 sqq. Em Tucídides 7. 29. 5 dá-nos mais uma informação da morte de uma escola inteira na Beócia, em 413 a. C.

Em Heródoto aparecem-nos outras referências a peste (e. g. 7. 171.2, 8. 115-117). Vide P. Demont, *Revue de Philologie* 113 (1988) 7-13.

a batalha naval que lançou a cidade de joelhos[70] e em seguida apareceu Histieu a comandar os Lésbios. E, massacrados pelas desventuras, os Quiotas submeteram-se facilmente.

E dali Histieu realizou uma expedição contra Tasos, levando numeroso contingente de Iónios e Eólios[71]. Mas, enquanto assediava Tasos, chegou-lhe a notícia de que os Fenícios, partidos de Mileto, navegavam contra a restante Iónia. Ao receber tal notícia, deixa Tasos inexpugnada e dirige-se apressadamente para Lesbos com todo o seu exército. E de Lesbos, uma vez que o seu exército passava fome, viajou para o continente com a finalidade de recolher o trigo de Atarneu e, de passagem, também o da planície do Caico, que pertencia aos Mísios[72]. Nesse território se encontrava então, no comando de um não pequeno exército, o persa Hárpago que, atacando Histieu no momento do desembarque, o capturou e dizimou o grosso do seu exército.

Ora Histieu foi feito prisioneiro do seguinte modo: no combate que os Helenos travaram com os Persas em Malene, no território de Atarneu, os beligerantes enfrentavam-se já há longo tempo, quando a cavalaria finalmente intervém e cai sobre os Gregos[73]. Naturalmente que

28.1

2

29.1

---

[70] Metáfora da linguagem do atletismo, sobretudo relacionada com o pugilismo. Cf. Ésquilo, *Persas* 930.

[71] Talvez refugiados que, escapados da batalha de Lade ou das cidades entretanto tomadas pelos Persas, a ele se reuniram.

Tasos é uma ilha do Egeu norte, próxima da costa da Trácia, situada defronte da actual Cavala. Entre outros recursos, era importante pelas suas minas de ouro (cf. 6. 46. 3). Possivelmente um dos seus objectivos seria o desejo de se apoderar dessas minas.

[72] A planície do Caíco, rio que desaguava no golfo de Elaia, distava de Atarneu uns 20 km. para sudeste. Uma e outra eram férteis regiões cerealíferas. Sobre Atarneu *vide* supra p. 53 nota 7. Sobre a fertilidade do vale do Caíco cf. Estrabão 13. 4. 1.

Hárpago, referido a seguir, era um estratego persa homónimo – e talvez descendente – do comandante medo que na segunda metade do séc. VI a. C., cerca de meio século antes, conquistou a Iónia (cf. Hdt. 1. 162 sqq.), embora o texto de Heródoto, como nota How-Wells, *A Commentary* II, *ad loc.*, o classifique de "persa".

[73] A descrição da morte de Histieu não apresenta o laconismo da de Aristágoras e por isso com ela estabelece um contraste. Talvez o historiador queira pôr em relevo a magnanimidade do soberano persa.

Os Persas haviam herdado a cavalaria dos Assírios, mas os Gregos, salvo raras excepções, não usaram a cavalaria até ao séc. IV a. C., altura em que Epaminondas de Tebas cria o primeiro corpo de cavaleiros, constituído por quinhentos elementos, e o utiliza na batalha de Leutras, travada em 377 a. C.

Filipe e Alexandre da Macedónia atribuíram-lhe grande importância, a ponto de na batalha de Arbela se terem utilizado sete mil cavaleiros. *Vide* F. E. Adcock, *The Greek and Macedonian art of War* (Los Angeles, 1957), pp. 47 sqq.

Malene era uma cidade ainda não identificada.

|||tal feito foi obra da cavalaria. E, com os Helenos em debandada, Histieu, na esperança de não ser morto pelo rei, devido à presente culpa, concebeu
|2||o seguinte estratagema para salvar a vida[74]: quando, durante a fuga, foi alcançado por um Persa e o captor se preparava para o trespassar, ele próprio, falando em língua persa, deu a conhecer que era Histieu de Mileto.
|30.1||Pois bem, se, ao ser feito prisioneiro, o tivessem conduzido, bem guardado, à presença do rei Dario, creio que não teria sofrido dano algum e que Dario lhe perdoaria o delito. Mas em seguida, por causa disso e também para evitar que ele escapasse e se tornasse de novo influente junto do rei, logo que ele chegou a Sardes, sob escolta, Artefrenes, governador de Sardes, e Hárpago, que o tinha capturado, mandaram empalar o seu corpo ali mesmo e enviaram a cabeça embalsamada ao rei
|2||Dario, em Susa[75]. Dario, ao inteirar-se do ocorrido, repreendeu os autores do acto, por não lho terem trazido vivo perante si, e ordenou que a cabeça de Histieu, lavada e bem arranjada, fosse sepultada como um homem que tivesse prestado grandes serviços a ele e aos Persas[76].
|31.1||Tal foi a sorte de Histieu. Mas a frota que hibernou nas imediações de Mileto, ao fazer-se de novo ao mar no ano seguinte, conquista com facilidade as ilhas próximas do continente: Quios, Lesbos e Ténedos[77]. E sempre que tomavam uma ilha, no momento da sua conquista de cada uma, os Bárbaros aprisionavam os cidadãos,
|2||como se fora com uma rede. E costumam lançar as redes da seguinte maneira: os soldados, dando-se as mãos uns aos outros, formam um cordão desde a costa norte à costa sul e em seguida percorrem toda a

---

[74] Carlos Schrader na edição da Gredos (Heródoto, *Historia* V-VI, p. 248) interpreta como «deu mostras de um considerável apego à vida».

[75] O empalamento era um procedimento usual entre os Persas. Sobre este processo de execução entre os Persas cf. Hdt. e. g. 1. 128. 2, 3. 125. 3. 4. 43. 2-6 e 202. 1, 9. 78. 3. Sobre a crueldade entre Bárbaros vide J. de Romilly, *Wienner Studien* 107-108 (1994-1995) 187-196.

[76] Histieu, de facto, mesmo que de forma inconsciente, prestou serviços aos Persas. Vide Carlos Schrader, *Heródoto, Historia* V-VI, p. 249 nota 136.

[77] A frota persa volta a fazer-se ao mar na Primavera de 493 a. C.
Ténedos, que já é nomeada nos poemas homéricos (cf. *Ilíada* 1. 38 e 452; 13. 33; *Odisseia* 3. 159) e aparece descrita em Heródoto 1. 151. 2-3, era uma pequena ilha que ficava defronte da costa continental de Tróade, a uns vinte quilómetros para sudoeste da entrada do Helesponto. Foi nela que os Aqueus, durante a Guerra de Tróia, se esconderam no momento do estratagema do cavalo de madeira (cf. Virgílio, *Eneida* 2. 21 sqq.). Na Antiguidade surge em provérbios como símbolo de falso testemunho e de justiça sumária. Com o seu nome ligado ao mito de Tenes, Ténedos é hoje uma ilha turca, a actual Borcaada.

ilha, à caça dos homens[78]. E com a mesma facilidade conquistavam as cidades iónicas do continente, sem capturarem os homens à rede, por não ser possível.

Então os comandantes dos Persas não desmentiram as ameaças que dirigiram aos Iónios que estavam acampados frente a eles, já que, apenas se apoderavam das cidades, logo escolhiam os rapazes mais belos, castravam-nos e faziam deles eunucos, em vez de homens plenos; as donzelas mais formosas, desterravam-nas para a corte do rei. Executavam essas ameaças, e ainda incendiavam as cidades com os seus templos[79]. Deste modo pela terceira vez foram os Iónios reduzidos à escravatura, a primeira submetidos pelos Lídios e depois duas vezes seguidas, com a actual, pelos Persas[80]. 32

Afastando-se da Iónia, a armada persa ocupa toda a margem esquerda de quem entra no Helesponto, já que os territórios da margem direita tinham sido já submetidos pelos próprios Persas, por via terrestre[81]. Ora as localidades da margem europeia do Helesponto são as seguintes: Quersoneso [Rosén: da margem europeia são as seguintes: Quersoneso (do Helesponto)], onde há numerosas cidades, Perinto, as cidadelas da Trácia, Selímbria e Bizâncio[82]. Os Bizantinos e, no lado oposto, os 33.1

2

---

[78] Heródoto está a referir-se e a descrever uma técnica, uma verdadeira caça ao homem, usada pelos Persas regularmente no caso de ocupação de ilhas de médias e pequenas dimensões. Embora a limpeza do território por esse cordão humano fosse uma táctica persa (cf. 3. 149 e Platão, *Menéxeno* 240c), Heródoto está nitidamente a generalizar. Aplicável em aldeias e pequenas extensões de terreno, nunca podia ser usada em ilhas como Quios e Lesbos, acidentadas e arborizadas. Vide G. C. Whittick, *L'Antiquité Classique* 22 (1953) 27-31.

[79] Faz-se aqui eco da tradição antipersa que tendeu a exagerar as consequências das destruições. Na realidade as cidades iónicas recuperaram com rapidez a sua capacidade comercial. Vide A. R. Burn, *Persia and the Greeks* (London, ²1984), pp. 216-217.

[80] A Iónia foi submetida por Creso, rei da Lídia, por volta de 555 a. C. (cf. 1. 26) e depois por Ciro o Grande antes de 545 a. C. (cf. 1. 141-150). Há, no entanto, novo exagero de Heródoto, já que as ilhas nunca foram conquistadas por Creso e por Ciro. Só ao continente se pode aplicar a afirmação. Vide J. M. Cook, *Os gregos na Iónia e no Oriente* (trad. port., Lisboa, 1971) pp. 98-100; O. Murray, *Early Greece* (Glasgow, 1980), p. 244

[81] A operação foi comandada por Daurises, em 497/496 a. C., e a ela se refere Heródoto em 5. 117.

[82] Nova utilização de Helesponto em sentido amplo, pois inclui também a Propôntida, actual Mar da Mármara, onde se situavam Perinto e Selímbria. O Quersoneso aqui referido é o trácio, actual península de Gallípoli, onde existia cerca de uma dúzia de cidades nomeadas em Cílax *Périplo* 97 e Xenofonte, *Helénicas* 2. 2. 10.

Perinto situava-se na margem trácia da Propôntida. Colónia de origem sâmia, teria sido fundada nos finais do séc. VII a. C., talvez entre 602 e 600

As cidadelas da Trácia eram cidades gregas que se estendiam ao longo da costa norte da Propôntida, de que nos dá uma lista Cílax, *Périplo* 67-68.

3   Calcedónios não esperaram, evidentemente, que os Fenícios atacassem por mar, mas abandonaram o seu país e retiraram-se para o interior do Ponto Euxino, onde se estabeleceram na cidade de Mesambria[83]. Os Fenícios, por seu lado, incendiadas sistematicamente as regiões acabadas de referir, regressaram ao Proconeso e a Artace e, depois de entregar também estas às chamas, navegaram de novo para o Quersoneso para destruir todas as restantes cidades que não tinham sido saqueadas no anterior desembarque[84]. Contra Cízico, no entanto, não efectuaram qualquer ataque, dado que os seus habitantes, ainda antes da surtida naval dos Fenícios, já se haviam submetido ao rei, mediante um acordo com Ebares, filho de Megabazo, governador de Dascílio. Os Fenícios conquistaram também todas as outras regiões do Quersoneso, com excepção de Cardia[85].

A colónia grega de Selímbria, situada e cerca de 25 km a oriente de Perinto, foi fundada por Megarenses, antes de 660 a. C. É a actual Silivri.
Sobre Bizâncio vide supra nota seguinte.
[83] Bizâncio e Calcedónia eram cidades gregas, fundadas por colonos megarenses, na primeira metade do século VII a. C., talvez 660 e 677 respectivamente. Situadas à entrada do Bósforo, do lado da Propôntida, encontravam-se frente a frente, a primeira no continente europeu e a segunda no asiático. Bizâncio mudará várias vezes de nome – para Constantinopla, no tempo do Imperador Constantino, e mais tarde Istambul, a designação actual. Os três são nomes gregos.
Mesambria, também fundada por Megarenses, situava-se, como refere o texto, na margem do Mar Negro, a cerca de 220 km para norte de Bizâncio. Já referida por Heródoto em 4. 93, era uma colónia de Mileto. *Vide* D. M. Pippidi, *Scythica Minora. Recherches sur les colonies grecques du littoral roumain de la Mer Noire* (Bucareste-Amsterdam, 1975).
[84] O Proconeso era uma ilha da Propôntida, terra de Aristeu (cf. Hdt. 4. 15. 1).
Artace era o porto de Cízico (cf. Hdt. 4. 14. 2), referido a seguir, a uma distância de cinco quilómetros para ocidente da cidade, os dois na ilha de Arctoneso que se situava também na Propôntida, mas mais próxima da Ásia Menor. Na actualidade uma península, a ilha de Arctoneso na Antiguidade estava ligada à Ásia Menor por duas pontes (cf. Estrabão 12. 8. 11). Cízico foi a primeira colónia fundada pelos Milésios na Propôntida (cf. Estrabão 14. 1. 6; Plínio, *Nat. Hist.* 5. 142). Sobre Cízico vide F. W. Hasluck, *Cysicus* (Cambridge, 1910).
[85] Cardia, colónia de Mileto e de Clazómenas, situava-se na costa norte do Quersoneso (cf. Tucídides 6. 36. 2), no Golfo de Melas, hoje de Saros (cf. Hdt. 6. 41. 1 e 7. 58.3). Refere Heródoto em 7. 58. 2 que o exército persa, ao marchar para ocidente a caminho da Grécia, deixava à esquerda a cidade de Cardia. Considerada por Estrabão 7, fr. 51 a maior cidade do Quersoneso, foi destruída em 309 a. C. por Lisímaco. Os seus habitantes foram deportados por este dinasta para povoar a nova cidade de Lisimaquia.
Dascílio ficava na margem asiática da Propôntida, a uns 70 km para oriente de Cízico e a cerca de 100 para ocidente de Bursa (cf. Tucídides 1. 129. 1; Xenofonte, *Helénicas* 4. 1. 15-16). Era a capital da terceira satrapia (cf. Hdt. 3. 90.2), da qual Ebares era governador (cf. Hdt. 3. 120.2 e 126. 2). Este alto dignitário persa talvez fosse irmão de Bubares (cf. Hdt. 7. 22. 2) e parece ter sido o sucessor de Daurises que morreu na emboscada dos Cários, relatada por Heródoto em 5. 121. Seu pai Megabazo, a que o historiador se refere no Livro 4. 143, era tido em grande consideração por Dario. Foi o protagonista da expedição

Até essa altura, fora tirano dessas cidades Milcíades, filho de 34.1
Címon, por sua vez filho de Esteságoras – poder esse que anteriormente
Milcíades, filho de Cípselo, tinha obtido do seguinte modo: ocupavam o
Quersoneso, de que falamos, os Trácios Doloncos, que, atormentados
numa guerra pelos Absíntios, enviaram os reis a Delfos solicitando um
oráculo acerca da guerra[86]. E a Pítia respondeu-lhes que deviam levar 2

persa contra a Trácia que Heródoto historia em 5. 1-16 – empresa militar que sujeitou a zona dos estreitos, a Trácia e a Peónia e parece ter conseguido uma submissão nominal da Macedónia. *Vide* H. Castritius, «Die Okkupation Thrakiens durch die Perser und der sturz des athenishen tyrannen hippias», *Chiron* 2 (1972) 1-15; G. Nenci, *Erodoto, Le Storie* V *La rivolta della Ionia* (Milano, 1994), nota a 1 linha 2.

[86] Heródoto nomeia aqui dois estadistas com o mesmo nome: Milcíades o Antigo, filho de Cípselo, e Milcíades o Jovem, filho de Címon, pertencentes ambos à família dos Filaídas. *Vide* J. K. Davies, *Athenian Propertied Families 600-300 B. C.* (Oxford, 1972), nº 8429 III. O primeiro, cuja obtenção do governo do Quersoneso, por volta de 555 a. C., facto que Heródoto vai narrar nos capítulos seguintes, embora o historiador diga em 6. 35. 3 que Milcíades estava desejoso de abandonar Atenas, por desagrado com o regime de Pisístrato, também este parece ter incitado o seu concidadão a partir, quer para desse modo conseguir um melhor controlo dos estreitos, quer porque assim se desembaraçava de um perigoso rival político. *Vide* H. Berve, *Die Tyrannis bei den Griechen* I (München, 1967), pp. 66 sqq. Milcíades, por seu lado, colaborador de Licurgo, dirigente da facção dos proprietários e participante activo nas lutas políticas que antecederam a tirania de Pisístrato, recuperava a sua liberdade, embora de certo modo continuasse a colaborar com Atenas.

Milcíades o Jovem (mencionado já por Heródoto em 4. 137-138), é sobrinho do anterior e será o futuro herói de Maratona. Obtém a tirania do Quersoneso em 516 a. C. e vai ser o herói do Livro VI e dele se vai falar sistematicamente a partir de 6. 39. Os capítulos anteriores, centrados em Milcíades o Antigo são uma espécie de evocação das precedentes empresas da família. *Vide* H. T. Wade-Gery, «Miltiades», *Journal of Hellenic Studies* 71 (1951) 212-221 = *Essays in Greek History* (Oxforf, 1958), pp. 155-170. Sobre a acção dos Filaídas no Quersoneso e sobre a evolução política de Milcíades *vide* N. Salomon, *Atti dell'Accademia delle Scienze di Torino* 130 (1996) 156-178.

Quersoneso era um nome aplicado a várias penínsulas gregas. O Quersoneso Trácico, de que se fala neste passo, era dos mais conhecidos, como o Quersoneso Táurico que ficava no Mar Negro.

O povo dos Doloncos habitava, no séc. V a. C., a parte ocidental da costa trácia da Propôntida. Embora os Doloncos pudessem ver na presença da colónia ateniense um meio de se subtraírem à sujeição dos Absíntios, é mais provável que a iniciativa da criação da colónia tenha sido ateniense Cf. Plínio, *Nat. Hist.* 4. 41. A história do envio de emissários dos Doloncos a Delfos corresponde a uma realidade ou é fruto de uma invenção dos Filaídas para justificarem a sua tirania no Quersoneso? Aliás a política dos Pisístratos virara-se para o Mar Negro, uma boa fonte de cereais. *Vide* S. Mazzarino, «La politica coloniale ateniese sotto I Pisistratidi», *Rend, Istit. Lombardo* 72 (1938-1939) 285-318.

Os Absíntios eram outro povo trácio que vivia a norte do golfo de Melas e se estendia até ao Hebro e à cidade de Ainos. Enquanto os Doloncos são apresentados de forma positiva, como filogregos e civilizados que consultam o oráculo de Delfos, os Absíntios aparecem como os que desencadeiam a violência e imolam um prisioneiro persa à sua divindade (cf. Heródoto 9. 119. 1).

como oicista[87] para o seu país o primeiro que, depois de saírem do santuário, os convidasse para uma refeição de hospitalidade. Os Doloncos então, seguindo a via sagrada, atravessaram a terra dos Fócios e dos Beócios, e como ninguém os convidava, desviaram-se para Atenas[88].

35.1 Ora em Atenas, nessa altura, detinha o poder absoluto Pisístrato, embora fosse também influente Milcíades, filho de Cípselo, que, de uma família criadora de cavalos de quadrigas, descendia de Éaco e de Egina, mas era Ateniense pelos antepassados mais recentes, já que Fileu, filho de Ájax, foi o primeiro membro desta família a tornar-se cidadão
2 ateniense[89]. Este Milcíades, que estava sentado à porta da sua casa, vendo passar os Doloncos, com vestes que não eram da região e armados, chamou-os e, quando se aproximaram, ofereceu-lhes alojamento e hospitalidade[90]. E eles aceitaram o convite e, depois de terem recebido dele os dons de hospitalidade, revelaram-lhe todo o oráculo; feita a
3 narração, pediram-lhe que obedecesse ao deus. A proposta acabada de

---

[87] *Oicista* significa "colonizador", mas aqui parece ter mais o sentido de "reorganizador". *Vide* J. E. Powell, *A Lexicon to Herodotus* (Cambridge, 1938), p. 261.

[88] Possivelmente esse desvio para Atenas tinha por finalidade embarcarem no porto de Faléron, de regresso ao Quersoneso.

Chamava-se "via sagrada" ao caminho que Apolo seguiu quando se dirigiu a Delfos. Os peregrinos que o utilizavam estavam sob a protecção do deus. Essa estrada passava por Daúlis, Panopeia, Queroneia, flectia para sudeste por Aliartes e Tebas de onde descia até Elêusis. Aí entroncava na via sagrada que ligava esse santuário a Atenas.

[89] Ser criador de cavalos para quadrigas era sinal de riqueza. Cf. Aristófanes, *Nuvens* 13 sqq.

Ájax era rei de Salamina e um dos maiores heróis de Tróia, caracterizado na *Ilíada* pela sua força e pelo seu escudo "alto como uma torre".

Éaco, filho de Zeus e da ninfa Egina, nasceu na ilha que depois toma o nome da mãe. Considerado o mais piedoso dos Gregos, povoa a ilha até aí desabitada e mais tarde expulsa os filhos Télamon e Peleu, por terem morto o meio irmão Foco, devido à inveja. A ilha de Egina fica em frente da Ática e com Atenas manteve uma inimizade e uma luta seculares. *Vide* T. J. Figueira, *Aegina, Society and Politics* (New York, 1981); D. Musti, *Storia greca* (Bari, 1992) pp. 262-263 e 287-289.

Heródoto dá-nos a genealogia de Milcíades, uma personalidade importante, de uma família de primeiro plano em Atenas. O passo faz referência (que também se encontra em Plutarco, *Sólon* 10. 3) à origem remota, a eginética, e à recente aquisição da cidadania ateniense, quando o filho de Ájax, Fileu – que está na base dos Filaídas – concedeu Salamina a Atenas. Fileu não só está na origem da família dos Filaídas, mas também da tribo (ou demo) com a mesmo nome. Heródoto, ao sublinhar a origem eginética de Milcíades, além de o ligar à ilha de Egina que mantinha uma rivalidade secular com Atenas, talvez pretenda insinuar que era de cidadania recente em contraste com a antiguidade da dos Alcmeónidas

[90] A casa dos Filaídas, segundo Plutarco (*Címon* 10. 2), ficava situada entre Elêusis e Atenas, no demo de Lacíades.

escutar seduziu de imediato Milcíades, de tal modo estava desagradado com o regime de Pisístrato e desejoso de se afastar dali. E logo se deslocou a Delfos para perguntar ao oráculo se devia fazer o que lhe pediam os Doloncos.

Como a Pítia também o incitava, então Milcíades, filho de Cípselo, que, já antes disto acontecer, tinha obtido a vitória em Olímpia com a sua quadriga[91], recrutou todos os Atenienses que desejassem participar na expedição, fez-se ao mar com os Doloncos e ocupou a região. E os que o tinham levado elegeram-no tirano. A primeira coisa que então fez foi erguer uma muralha no istmo do Quersoneso, da cidade de Cardia à de Páctia, para que os Absíntios não pudessem causar dano, invadindo a região[92].

36.1

2

A aparência estrangeira dos enviados doloncos manifesta-se duplamente: pelo vestuário e pelo facto de andarem armados, o que não era hábito entre os Gregos, apesar de os caminhos oferecem certo perigo (cf. Plutarco, *Teseu* 6. 4-5).

[91] A Pítia ou Pitonisa era, como é sabido, a jovem que se sentava na trípode sagrada do Oráculo de Delfos e, em estado de êxtase, transmitia as respostas do deus Apolo. *Vide* M. H. Rocha Pereira, *Estudos de História da Cultura Clássica I – Cultura Grega* (Lisboa, 1998), pp. 324-380. O assentimento à consulta de Milcíades e o incitamento à sua partida conferem à empresa um carácter de verdadeira expedição colonial. Convém ter presente que a autorização da fundação de colónias era uma prerrogativa do Oráculo de Delfos. *Vide* José Ribeiro Ferreira, *A Grécia Antiga. Sociedade e Política* (Lisboa, 1992), pp. 49-50.

Os Jogos Olímpicos, que se realizavam, como é sabido, em Olímpia de quatro em quatro anos, deram origem a um calendário comum de todas as cidades gregas, que superou os particulares de cada uma. As corridas equestres realizavam-se na manhã do terceiro dos seis dias de duração dos Jogos e as de quadrigas tinham uma distância que oscilava entre os 6 e 9 km (cf. Píndaro, *Olímpicas* 3. 33 e 59; Pausânias 6. 13. 9 e 16. 4). *Vide* L. Dress, *Der Ursprung der Olymp Spiele* (Stuttgart, 1972), p. 71; José Ribeiro Ferreira, *Hélade e Helenos* I, pp. 144-154 (em especial p. 150).

Proclamava-se vencedor o proprietário da quadriga e não o auriga que a tinha conduzido à vitória. A vitória aqui referida talvez se tenha verificado na 55 Olimpíada, no ano de 560 a. C. É a opinião de B. Virgilio, «Atleti in Erodoto. Tradizione orale e (possibile) tradizione epigrafica», *Rend, Istit. Lombardo* 106 (1972) 461-464, que segue L. Moretti, «Olympionikai. I vincitori negli antichi agoni olimpici», *Memorie della Classe di Scienze moreli e storiche dell' Accademia dei Lincei* 8 (1957-1959), n. 106. Mas Davies, *Athenian Propertied Families, 600-300 B. C.* (Oxford, 1971), pp. 293-294 e 298-300 atribui à vitória em causa uma data mais tardia, o ano de 548 a. C.

[92] Distando as duas cidades cerca de 6, 5 km, o muro estava construído em território das duas. A muralha sofreu depois as vicissitudes do tempo e foi reconstruída várias vezes: por Péricles (cf. Plutarco, *Péricles* 19), por Darcílidas (cf. Xenofonte, *Helénicas* 3. 2. 8 sqq.) e mais tarde pelo imperador Justiniano.

Páctia era um bom porto na costa helespôntica ou sul do Quersoneso, referida várias vezes nos capítulos 153-161 do livro primeiro de Heródoto.

Sobre Cardia *vide* supra nota a 6. 33. 3

Ora o istmo mede trinta e seis estádios; e deste istmo para o interior todo o Quersoneso mede quatrocentos e vinte estádios de extensão[93].

37.1 Fortificado pois o colo do Quersoneso e mantidos desse modo os Absíntios, dos restantes povos os primeiros a quem declarou guerra foram os habitantes de Lâmpsaco, que lhe montaram uma emboscada e o fizeram prisioneiro[94]. Mas Milcíades era bem conhecido de Creso o Lídio, pelo que este, conhecedor dessa prisão, por mensageiros enviados, intimou os Lâmpsacos a porem em liberdade Milcíades. Caso contrário, ameaçava exterminá-los como se fora a um pinheiro. Manifestaram os Lâmpsacos
2 incerteza nos seus discursos sobre o que queria dizer a ameaça contra eles proferida, de que os exterminaria como a um pinheiro, até que finalmente um dos habitantes mais velhos compreendeu o seu significado e lhes disse que o pinheiro é a única de todas as árvores que, uma vez cortada, nunca mais rebenta, mas sucumbe por completo. Então os Lâmpsacos, com receio de Creso, libertaram Milcíades e deixaram-no partir.

38.1 Este escapa, pois, graças a Creso e mais tarde morre sem filhos, deixando o poder e as riquezas a Esteságoras, filho de Címon, seu irmão uterino[95]. E depois da sua morte, os Quersonésios fazem-lhe sacrifícios, como é hábito a um fundador, e organizam um competição hípica e
2 gímnica, na qual a nenhum dos Lâmpsacos é permitido participar[96]. Mas,

---

[93] Estas distâncias correspondem a 6,4 km e 74,6 km, respectivamente, que não estão longe das actuais. Xenofonte, *Helénicas* 3. 2. 8 fala de 37 estádios para a largura e Estrabão VII, frs 53 e 51 de 40 e 400, respectivamente para a largura e o comprimento.

[94] A cidade de Lâmpsaco, a actual Lampseki, situada na costa asiática do Helesponto, no local da homérica Pitieia, nasce da colonização por habitantes de Foceia, por volta de 654 a. C., de uma povoação anterior que tinha o nome de Pityoussasa "rica em pinheiros" – designação a que se referiu Caronte de Lâmpsaco (*FGrHist* 262 F 7) – e que os colonizadores alteraram para Lâmpsaco. Sobre essa alteração cf. Plutarco, *Moralia* 255. Talvez essa designação antiga possa explicar o dito de Creso que Heródoto recorda a seguir. Como é bem conhecido Creso era um rei da Lídia, famoso pela sua riqueza, protagonista da primeira parte do Livro I de Heródoto. O historiador 5. 117 inclui Lâmpsaco entre as participantes da revolta iónica. *Vide* W. Leaf, *Strabo on the Troad* (Cambridge, 1923), pp. 92-97.

[95] Sobre a genealogia que Heródoto atribui aos Filaídas no Livro VI *vide* Carlos Schrader, *Heródoto, Historia* Libros V-VI (Madrid, 1988), p. 259 nota 176.

[96] O oicista, depois de morto, era alvo de diversas manifestações de culto. *Vide* Th. Hadzisteliou-Price, «Hero-cult and Homer», *Historia* 22 (1973) 129-144; F. de Polignac, *La naissance de la cité grecque* (Paris, 1984), pp. 127-151. Trata-se de um culto idêntico ao que se presta a um herói e que, como acontece nos funerais de Pátroclo no Canto 23 da *Ilíada*, compreendia competições atléticas e desportivas. *Vide* Nilsson, *Geschichte der griechische Religion* I (München ³1967), pp. 184-191 e 715-719.

durante uma guerra contra os Lâmpsacos, aconteceu que também Esteságoras morreu sem filhos, atingido na cabeça com uma machadinha, quando se encontrava no pritaneu[97], um golpe executado por um homem que se dizia desertor, mas na realidade um inimigo e fanático.

Ora, morto também Esteságoras da maneira acabada de narrar, os Pisístratos enviam então numa trirreme Milcíades, filho de Címon, irmão do defunto Esteságoras, para que tomasse conta dos assuntos do Quersoneso[98]; eles que o haviam beneficiado também em Atenas, como se realmente não fossem cúmplices da morte de seu pai Címon, facto que em outra parte da narrativa eu contarei como aconteceu[99]. Chegado ao Quersoneso, encontrava-se Milcíades em casa, para prestar honras fúnebres ao irmão Esteságoras. Então os Quersonésios mais poderosos, ao ter disso conhecimento, convergiram de todas as cidades e vieram em grupo manifestar-lhe condolências, mas foram por ele encarcerados. E assim se apodera do Quersoneso, contratando quinhentos auxiliares, e casa com Hegesipila, filha de Oloro, rei dos Trácios[100].

39.1

2

---

[97] O pritaneu era, entre os Gregos, um edifício público. A dedicatória, por Esteságoras, de uma píxide de figuras negras, com uma cena de corrida de carros, atribuída a Exéquias mostra o gosto dos Filaídas por tal competição. *Vide* H. R. Immerwahr, *Transactions and Proceedings of the American Philological Association* 103 (1972)181-186.

[98] Milcíades parte para o Quersoneso em 516 a. C., pelo que o texto se refere aos filhos de Pisístrato, Hípias e Hiparco. *Vide* F. Heidbüchel, «Die Chronologie der Peisistratiden in der Atthis», *Philologus* 101 (1957) 70 sqq.

[99] O episódio aparece contado em 6. 103. 3.

[100] É possível que tenha havido um acordo entre Milcíades e o rei da Trácia e que os quinhentos auxiliares sejam mercenários desse país. Embora o historiador designe Oloro rei dos Trácios, só o deve ser de uma tribo, talvez dos Sapeus que habitavam no curso inferior do Nesto.

As personalidades eminentes que se apresentaram para apresentar condolências eram emigrantes gregos eólios, na opinião de W. W. How, J. Wells, *A Commentary on Herodotuas* II, *ad locum*.

As núpcias ter-se-iam verificado por volta de 515-513 a. C. *Vide* L. Piccirilli, *Civiltà Classica e Cristiana* 6 (1985) 17-23 e *Storie dello storico Tucidide* (Genova, 1985), pp. 82-83. Hegesipila teria casado em segundas núpcias e dado à luz um filho também de nome Oloro, o pai do historiador Tucídides. Cf. Tucídides 1. 104. 4; Plutarco, *Címon* 4. *Vide* A. Lesky, *História da Literatura Grega* (trad. port., Lisboa, Gulbenkian, 1996), p. 486-488. A primeira mulher de Milcíades foi provavelmente uma das filhas de Hípias, filho de Pisístrato, sobre a qual uma tradição favorável aos Filaídas deve ter lançado um manto de silêncio, uma espécie de *damnatio memoriae*, para fazer esquecer a sua ligação com os Pisístratos. *Vide* H. T. Wade-Gery, «Miltiades», *Journal of Hellenic Studies* 71 (1951) 219 = *Essays in Greek History* (Oxford, 1958), p. 167; L. Piccirilli, *Serta Historica Antiqua* 1 (1986) 69-76.

40.1   Pois este Milcíades, filho de Címon, tinha chegado há pouco ao Quersoneso, e, ao chegar, surpreenderam-no outros acontecimentos mais graves do que os já sofridos. De facto dois anos antes destes sucessos, fugia na frente dos Citas, já que estes, nómadas, provocados pelo rei Dario,
2   reuniram as suas forças e avançaram até ao nosso Quersoneso[101]. Sem esperar que estas chegassem, Milcíades foge do Quersoneso, até que os Citas retirassem e os Doloncos lhe propiciaram o regresso. Isto foi, pois, o que aconteceu dois anos antes dos factos que agora o ocupavam.
41.1   Nessa altura, ao saber que os Fenícios se encontravam em Ténedos, Milcíades encheu cinco trirremes com as riquezas disponíveis e fez-se ao mar a caminho de Atenas[102]. E como partiu da cidade de Cardia, navegava ao longo do golfo Melas e ultrapassava já o Quersoneso, quando os Fenícios lhe cercaram os navios. O próprio Milcíades, com

---

[101] Cheio de pontos incertos, o passo é confuso, ambíguo. A quem se referem as várias indicações cronológicas? Além disso, não será estranho que Milcíades não tenha oferecido resistência? É comum ligar este capítulo 40 ao 33, retomando Heródoto, no fim do capítulo, a situação de Milcíades em 493 a. C., quando os Fenícios atacaram o Quersoneso. De acordo com esta interpretação, estaríamos perante uma espécie de parêntesis que relataria um episódio passado dois anos antes do ataque fenício – a situação em que Milcíades actualmente se encontra, referida no fim do capítulo –, o episódio de Milcíades obrigado a partir pela invasão dos Citas e trazido pelos Doloncos. É a interpretação defendida, entre outros, por D. Viviers, «La Chronologie du règne de Miltiade le jeune en Chersonese de Thrace: à propos d'Hérodote VI, 40», *Rheinisches Museum* 136 (1993) 222-238. Outra interpretação proposta por F. Prontera, «Per l' interpretazione di Erodoto VI, 40», *Parola del Passato* 27 (1972) 111-123 e seguida por N. Salomon, *Atti dell' Accademia delle Scienze di Torino. Classe di Scienze morali, storiche e filologiche* 130 (1996) 155-178. Sobre o assunto *vide* B. Shimron, «Miltiades an der Donaubrücke und in der chersonesos», *Wiener Studium* 100 (1987) 21-34 e G. Nenci, *Erodoto, Le Storie* VI, p. 202-203 *ad loc*.

De acordo com a data e com as razões sugeridas por Heródoto, não é fácil admitir uma incursão dos Citas que habitavam ao norte do Danúbio, já que a campanha de Dario contra esse povo situa-se em 514/513 a. C. e não há conhecimento de outra mais próxima.

É possível que Milcíades regressasse ao Quersoneso pela segunda vez em 496/495 a. C., já que teria para lá partido pela primeira vez em 516 a. C. (cf. 6. 39. 1), vê-se então obrigado a fugir do perigo da invasão dos Citas provocados por Dario (cf. 4. 19) e, como refere em 41. 1, é atacado pela frota fenícia, em 493 a. C. – os novos e mais graves perigos – que dominava o Egeu oriental depois da derrota dos Iónios em Lade. Depois do parêntesis de 6. 40, Heródoto retoma, portanto, em 6. 41. 1 a narração sobre a frota fenícia que havia abandonado em 6. 33.

Duvida Ph.-E. Legrand, *Hérodote* VI, p. 28 nota 5 que a invasão dos Citas alguma vez tenha existido e considera mais provável que, aproveitando a revolta iónia, algumas tribos devem ter feito incursões de saque.

[102] Sobre este regresso de Milcíades a Atenas *vide* A. R. Burn, *Persia and the Greeks* (London, 1962, repr. 1984), pp. 218-220.

quatro dos barcos, refugiou-se em Imbros, mas os Fenícios, que o 2
perseguiam, conseguiram capturar o quinto. Comandava esse navio o
filho mais velho de Milcíades, Metíoco, que não nascera da filha de
Oloro da Trácia, mas de outra mulher[103]. Os Fenícios capturaram-no
juntamente com o barco e, ao inteirar-se de que era filho de Milcíades, 3
levaram-no à presença do rei, na esperança de conseguirem grande
recompensa, pelo facto de Milcíades ter manifestado a sua opinião entre
os Iónios, exortando-os a aceitar a sugestão dos Citas, quando estes lhes
pediam que destruíssem a ponte de barcas e por mar regressassem à sua
terra[104]. Mas Dario, quando os Fenícios lhe levaram Metíoco, filho de 4
Milcíades, não lhe fez qualquer dano, mas cumulou-o de bens: deu-lhe
uma casa, uma propriedade e uma mulher persa, de quem lhe nasceram
filhos que foram tratados como Persas. Quanto a Milcíades, de Imbros
alcançou Atenas.

E durante esse ano nada mais aconteceu da parte dos Persas que **42.1**
trouxesse luto ao Iónios, mas durante esse ano foram tomadas medidas
muito úteis para os Iónios. Artafernes, sátrapa dos Sárdios, convocou
representantes das cidades e obrigou os Iónios a concluírem convenções
entre eles[105], para resolverem os diferendos pela via legal e não pelo
saque e pilhagem mútuos. Forçou-os a proceder dessa forma, e ainda a
medir as suas propriedades em parassangas[106] – nome que os Persas dão 2
à medida equivalente a trinta estádios – e, feita essa medição, fixou
tributos para cada cidade, tributos esses que, para cada região, se mantém

---

[103] A primeira mulher de Milcíades o Jovem era Ateniense, talvez da família dos Pisístratos, com quem os Filaídas estavam de boas relações até à morte de Címon I. Vide H. T. Wade Gery, *Essays in Gredek History* (Oxford, 1958), p. 167.

Imbros era uma ilha situada no norte do Egeu, a uma distância de cerca de 25 km da costa ocidental do Quersoneso. Como nos refere Heródoto 5. 26, tinha sido conquistada e submetida pelo general persa Otanes, em 512/511 a. C., mas do facto de Milcíades nela se ter refugiado parece poder deduzir-se que a ilha nesse momento já se encontrava libertada e independente.

Sobre Cardia e o Golfo de Melas *vide* supra nota a 6. 33. 3.

[104] H. Berve, *Miltiades. Studien zur Geschichte des Mannes und seiner Zeit* (Hermes Einzelschriften 2, Frankfurt, 1937), pp. 41 sqq. discorda da historicidade de tal opinião de Milcíades.

[105] O termo grego é συνήκη (syntheke) "pacto, convenção" é próprio do vocabulário diplomático grego. Ocorrência única em Heródoto, era uma das designações dada aos tratados de interrupção da guerra entre cidades. *Vide* José Ribeiro Ferreira, *Hélade e Helenos* I, pp. 478-479; S. Cataldi, *Symbolai e relazioni tra le città greche nel V sec. A. C.* (Pisa, 1983), pp. 1-15.

[106] A parassanga é uma medida de longitude persa equivalente a cerca de 5,32 km, embora não haja unanimidade quanto ao seu tamanho.

em vigor desde esse tempo até aos meus dias, tais como foram fixados por Artafernes[107]. E foram fixados tributos mais ou menos semelhantes àqueles que já antes existiam.

43.1   Estes eventos, contudo, foram pacíficos. Mas, com a chegada da Primavera[108], foram exonerados pelo rei os outros comandantes, e Mardónio, filho de Góbrias, desceu em direcção ao mar, à frente de um enorme exército de infantaria e da marinha; ele que era de idade jovem

2 e que havia desposado, recentemente, Artazostra, a filha do rei Dario. Assim que atingiu a Cilícia, à cabeça desse exército, o próprio Mardónio embarcou num dos navios e partiu com o resto da frota, enquanto outros

3 comandantes guiavam o exército em terra na direcção do Helesponto. Depois de ladear as costas da Ásia, Mardónio chegou à Iónia – e, neste ponto, vou narrar um caso que muito surpreenderá os Gregos que não acreditarem que Otanes expôs, ao Conselho dos Sete Persas, a opinião de que os Persas se deveriam reger pela democracia[109]. De facto, Mardónio destituiu todos os tiranos dos Iónios e nas suas cidades

---

    A obra de pacificação de Artafernes, aqui sublinhada por Heródoto, encontra eco em Diodoro 10. 25. 4, segundo o qual Hecateu, um dos delegados iónios, teria aconselhado Artafernes a impor à Iónia, depauperada pela guerra, tributos moderados.

    [107] Heródoto não está a referir-se, com certeza, ao recebimento dos tributos, já que, entre 479 e 412, as cidades iónicas, por pertencerem à Simaquia de Delos, não pagaram evidentemente tributos à Pérsia. Heródoto aliás não fala de pagar mas de fixar impostos. Sobre o sistema tributário persa vide P. Briant, *Histoire de l'Empire perse. De Cyrus à Alexandre* (Paris, 1996), pp. 399-433.

    Talvez os Atenienses tivessem utilizado essa fixação tibutária para estabelecer em 478/477, por Aristides, a contribuição económica dos aliados. Vide B. D. Meritt, H. T. Wade Gery, M. F. McGregor, *The Athenian Tribute Lists* III (Princeton, 1951), pp. 275 sqq.

    A seguir fala-se de tributação anterior de quantia mais ou menos idêntica. O historiador está a referir-se à que fora estabelecida por Dario, por volta de 520 a. C. É possível que já houvesse qualquer tipo de medição de terras e de tributação anteriores. Vide Corsaro, *Revue des Études Anciennes* 87 (1985) 73-94. Portanto, o que está em causa na reforma de Artafernes é a distribuição dos impostos. Sobre tal sistema administrativo persa e o anterior de Dario vide G. Netalci, *Erodoto, Le Storie* VI, pp. 205-209 notas a 43 linhas 3-4, 7-8 e 9-12.

    [108] Primavera de 492 a.C. Tal como Tucídides, Heródoto inicia o ano com a Primavera.

    [109] Alguns estudiosos têm tomado este passo como prova de que Heródoto está aqui a responder às críticas que lhe teriam sido movidas por causa dos discursos sobre a melhor forma de governo, posições que teriam sido expostas perante o conselho persa (*cf.* 3.80 sqq.). O presente passo seria, assim, posterior àquele. A prova, contudo, não é conclusiva, pois já na primeira ocorrência Heródoto se refere às críticas e defende a veracidade dos três discursos proferidos, ao passo que aqui só menciona a tese básica de Otanes. Mesmo concluindo que o passo no Livro 6.º foi escrito posteriormente, tal inferência não prova que o Livro 3.º tenha sido publicado antes dele. Vide Macan e Nenci *ad loc*.

estabeleceu governos democráticos[110]. Feito isto, apressou-se em direcção 4
ao Helesponto. Quando se concentrou um importante número de navios
e também um grosso exército de infantaria, atravessaram o Helesponto
com os barcos e puseram-se em marcha através da Europa, em direcção
a Erétria e a Atenas.

Estas cidades haviam sido o pretexto para a sua expedição, mas **44.**1
na verdade tinham em mente submeter tantas cidades gregas quantas
pudessem. E assim, com a frota, dominaram os Tásios que nem sequer
tentaram a resistência; com a infantaria, juntaram os Macedónios aos
que eram já seus servos: na verdade, para além dos Macedónios, todos
os povos se encontravam já debaixo do seu domínio. De Tasos, passaram 2
para o outro lado e navegaram junto à costa até Acanto e, de Acanto,
partiram para contornar o Atos. Mas, quando davam a volta, veio sobre
eles o Bóreas[111], de tal forma violento e irresistível, que causou bastantes
estragos nos barcos e a muitos atirou contra o Atos[112]. Afirma-se que as 3
perdas em navios foram cerca de trezentas e as humanas superiores a
vinte mil. Estas águas que circundam o Atos estão infestadas de monstros
marinhos, pelo que uns pereceram devorados e outros despedaçados
contra os rochedos; os que não sabiam nadar, morreram por este motivo
e houve ainda os que sucumbiram ao frio.

Tal foi a sorte da frota; quanto a Mardónio e ao exército terrestre, **45.**1
ao acamparem na Macedónia, vieram sobre eles, de noite, os Brigos da
Trácia[113] que mataram muitos soldados e feriram o próprio Mardónio.
Mas nem os Brigos lograram escapar à escravatura persa, pois Mardónio
não se retirou do seu território antes de os haver submetido. Porém, mal 2
os dominou, fez recuar as tropas, porque o exército terrestre tinha sofrido
muito com os Brigos e também a frota ao contornar o Atos. E assim,
depois desta campanha ingloriosa, a expedição regressou à Ásia[114].

---

[110] Esta 'democracia' de que fala Heródoto deve ser apenas equivalente à liberdade de jurisdição local de Artafrenes (*cf. supra* cap. 42). Em todo o caso, estas medidas dever--se-iam mais ao receio do perigo da tirania do que a uma genuína preferência pela democracia. *Vide* How-Wells *ad loc.*

[111] Vento norte.

[112] Este promontório da Calcídica é conhecido pelas suas águas alterosas e revoltas, que o tornam particularmente perigoso para a navegação. A fim de o evitar, Xerxes viria a cortá-lo, mais tarde, por um canal.

[113] Estes Trácios, vizinhos da Macedónia, podem ser situados entre o Estrímon e o Monte Atos.

[114] À parte o desaire ao largo do Monte Atos, a campanha foi, pelo contrário, muito bem sucedida. Em 7.108, o próprio Heródoto o reconhece. Estas apreciações oscilantes mostram certas incongruências nas fontes usadas pelo historiador e que ele não chegou a harmonizar totalmente.

46.1   No ano que se seguiu a estes acontecimentos[115], Dario, antes de mais, aos Tásios, falsamente acusados pelos vizinhos de tramarem uma revolta, enviou um mensageiro através do qual lhes ordenava que
2   derrubassem as suas muralhas e levassem os navios a Abdera. De facto, os Tásios, depois de serem assediados por Histieu de Mileto, e como possuíam importantes rendimentos, empregaram a riqueza na construção de grandes barcos de guerra e cingiram a cidade com uma muralha mais resistente. Os rendimentos chegavam-lhes dos seus investimentos no
3   continente e das minas. Das minas de ouro de Escaptasila[116], provinha normalmente uma entrada de oitenta talentos; das que existiam na própria Tasos, conseguiam uma soma menos elevada, mas ainda assim tão importante que, regra geral, os Tásios, embora isentos de impostos agrários, retiravam do continente e das minas um rendimento anual de duzentos talentos e, quando a produção atingia o máximo, trezentos.
47.1   Eu mesmo cheguei a ver estas minas; delas, as mais admiráveis eram, de longe, as que os Fenícios descobriram, quando, sob o comando de Tasos, colonizaram esta ilha, que possui agora o nome desse Tasos da
2   Fenícia. Estas minas fenícias encontram-se numa região de Tasos entre as localidades chamadas Énira e Cénira[117], frente à Samotrácia: uma montanha enorme completamente revirada pelas prospecções. É pois este o estado das coisas.
48.1   Os Tásios, obedecendo à ordem do Rei, derrubaram as suas muralhas e levaram a Abdera todos os barcos. Depois[118], Dario resolveu sondar os Gregos, para ver que desígnios tinham em mente: se contra
2   ele fazer guerra ou a ele se render. Enviou então arautos – cada um destacado para determinada região da Grécia – com instruções de buscarem terra e água para o Rei[119]. Enviou estes arautos, portanto, para a Grécia e a outros mandou-os pelas cidades do litoral que dele eram tributárias, com ordens de construírem grandes barcos e navios preparados para o transporte de cavalos.
49.1   Estas entregaram-se aos preparativos, enquanto que, aos arautos que chegavam à Grécia, muitos dos povos do continente e todos os habitantes das ilhas[120], a quem se tinham dirigido com a petição,

---

[115] Ou seja, 491 a.C.
[116] Σκαπτή; "Υλη : à letra, 'floresta minada', ecoando a provável etimologia popular.
[117] Este último nome ainda persiste na designação geográfica da zona.
[118] Ainda no ano de 491. Cf. *infra* cap. 95.
[119] Trata-se de uma exigência de reconhecimento formal da autoridade persa, através do gesto simbólico de entregar água e terra.
[120] Muitas já tinham sido submetidas. A expressão deve poder aplicar-se às Cíclades (excepto Naxos e Delos; cf. capítulos 96-97), a Lemnos, a Imbros e à Samotrácia.

concediam o que o Persa pretendia. Entre outros ilhéus que deram a Dario terra e água, encontravam-se os Eginetas. Mal estes assim procederam, logo os Atenienses foram sobre eles, pensando que os Eginetas tinham feito concessões para os prejudicarem e, juntamente com o Persa, lhes moverem guerra; por isso, satisfeitos, apoiaram-se neste pretexto e, dirigindo-se a Esparta[121], acusaram os Eginetas de traírem a Grécia, ao agirem daquela forma.

    Perante tal acusação, Cleómenes, filho de Anaxândrides, que era rei dos Espartanos, passou por Egina, com a intenção de capturar os principais responsáveis, entre os Eginetas. Mas enquanto tentava capturá--los, outros Eginetas levantaram-se contra ele – dentre os quais se destacava Crio, filho de Polícrites, que lhe disse que não levaria nenhum cidadão de Egina impunemente. Isto porque ele procedia daquela maneira sem o consenso dos Espartanos, mas antes persuadido pelo dinheiro dos Atenienses; de outra forma, teria vindo capturar os culpados em companhia do outro rei. Falava assim por instrução de Demarato. Ao retirar-se de Egina, Cleómenes perguntou a Crio como se chamava. Quando este lhe respondeu, Cleómenes avisou: «Reveste desde já, carneiro[122], os teus chifres com bronze, pois terás de afrontar um grande perigo.»

    Demarato[123], filho de Aríston, que permanecera em Esparta durante este tempo, começou a caluniar Cleómenes; também ele era rei dos Espartanos, mas de casa menos ilustre. Não era inferior por nenhuma outra razão, já que descendiam da mesma origem; era apenas a primogenitura a garantir à casa de Eurístenes maior honra.

    Os Lacedemónios, em desacordo com todos os poetas, afirmam que foi o próprio Aristodemo, filho de Aristómaco, filho de Cleodeu, filho de Hilo, quem, na qualidade de rei, os conduziu àquela região, que

---

[121] As diligências junto de Esparta contra Egina indicam que, nesta altura, a democracia ateniense ainda reconhecia a hegemonia de Esparta. A sugestão poderia ter partido tanto de Milcíades, a figura então mais notável, como até de Temístocles, um dos estrategos possivelmente eleitos em 490 a.C.

[122] Κριός significa, à letra, 'carneiro'. Sobre os poderes dos reis espartanos, *vide* How-Wells, 349 sqq.

[123] Os capítulos 51-60 relatam a história da monarquia dualista de Esparta, com informações sobre os privilégios dos reis (56-58) e algumas notas marginais acerca de costumes não-helénicos (59-60). Esta digressão é muito importante para a história constitucional grega, ajudando a esclarecer o carácter religioso e militar da monarquia primitiva. A lenda dos dois gémeos é uma forma de explicar a monarquia dualista, peculiaridade que deve provir da junção de duas comunidades inicialmente distintas. *Vide supra* p. 40-42.

2   agora ocupam, e não os filhos de Aristodemo. Não muito tempo depois, a mulher de Aristodemo deu à luz; chamava-se Argeia e dizem que era filha de Autésion, filho de Tisâmeno, filho de Tersandro, filho de Políníces. Ela deu à luz gémeos, e Aristodemo, depois de ver os filhos,
3   caiu doente e veio a falecer. Os Lacedemónios daquele tempo decidiram, segundo o costume, fazer rei o primogénito das duas crianças, mas não sabiam qual deles escolher, de tal maneira eram semelhantes no aspecto e no porte. Ora como não conseguissem distingui-los – ou até antes disso
4   – resolveram consultar a mãe. Mas também ela respondeu que os não distinguia, embora estivesse bem consciente da verdade; simplesmente pretendia que ambos viessem a ser reis. Os Lacedemónios ficaram na dúvida e, mergulhados nessa incerteza, resolveram consultar o oráculo
5   de Delfos, para saberem como deveriam actuar naquela situação. A Pítia respondeu-lhes que a ambas as crianças fizessem rei, mas que honrassem sobretudo a mais velha. Foi esta a indicação que a Pítia ministrou, mas os Lacedemónios permaneceram na ignorância de como é que iriam descobrir qual das duas era a mais velha[124]. Foi quando certo homem de
6   Messena, de nome Panites, lhes deu o seguinte conselho: exortou os Lacedemónios – esse Panites – a observarem a qual das duas crianças a mãe lavava e alimentava em primeiro lugar. Se lhes parecesse que ela desempenhava essas tarefas sempre da mesma maneira, então teriam tudo o que procuravam e desejavam descobrir; se, pelo contrário, ela própria se mostrasse insegura e o fizesse ora a um ora a outro, ficaria claro que nem sequer ela sabia mais do que eles e deveriam, pois, buscar
7   outra via de esclarecimento. Então, os Espartanos, seguindo as indicações do Messénio, puseram-se a vigiar a mãe dos filhos de Aristodemo e constataram que ela – não sabendo por que razão a observavam – dava mais atenção, na alimentação e no banho, sempre ao primeiro e pela mesma ordem. Pegaram, por isso, na criança a quem a mãe honrava como sendo o primogénito e criaram-no no palácio do governo; a este
8   puseram o nome de Eurístenes, ao outro o de Procles. Diz-se que eles, quando se tornaram adultos, sendo embora irmãos, alimentaram discórdia entre si durante toda a vida, e o mesmo continuaram a fazer os seus descendentes.
53.1   Os Lacedemónios são os únicos, de entre os Gregos, a darem esta versão. O que vem a seguir, escrevo-o de acordo com o que afirmam

---

[124] O oráculo de Delfos estabeleceu o princípio da monarquia dualista, mas não resolveu o problema da primogenitura. O artifício que o irá esclarecer teria, igualmente, resolvido a questão inicial da simples sucessão, se nele se tivesse pensado antes. Existe, portanto, uma certa contradição entre estas duas fases da história.

os Gregos em geral: ou seja, que estes reis dóricos são enumerados correctamente pelos Gregos até Perseu, filho de Dânae – sem contar com a divindade[125] – e que é evidente que são Gregos, pois já nessa altura eram classificados como tal. Disse «até Perseu», no que se refere a ele, e não avancei mais, porque não se junta ao nome de Perseu o apelido de nenhum pai mortal, como a Héracles o de Anfitrião. Portanto, foi com correcção que me exprimi ao dizer «até Perseu». Mas quem reconstituísse a ascendência a partir de Dânae, filha de Acrísio, mostraria que os chefes dos Dórios descendem em linha directa dos Egípcios.

2

Esta genealogia está organizada pelo que afirmam os Gregos. Segundo a tradição dos Persas, o próprio Perseu, que era Assírio, é que se tornou Grego, mas não os seus ancestrais. Quanto aos progenitores de Acrísio, que não tinham qualquer relação de parentesco com Perseu, eram Egípcios, como dizem os Gregos.

54.1

Mas sobre este assunto já basta. E por que motivo, sendo eles Egípcios, ou por que empresas, que tivessem empreendido, eles ocuparam a realeza dórica, já outros discorreram e, assim, não acrescentaremos mais nada. Pelo contrário, farei menção daquilo que os outros não trataram[126].

55.1

Os Espartanos outorgaram aos seus reis os seguintes privilégios[127]: dois sacerdócios – o de Zeus Lacedemónio e o de Zeus Urânio; o direito de fazer guerra onde bem entenderem (nenhum dos Espartanos se pode mostrar adverso à decisão tomada, sob pena de, em caso contrário, incorrer em sacrilégio); em campanha, cabe aos reis a honra de avançarem em primeiro lugar e de serem os últimos a retirar; possuem um corpo de cem homens de elite para protecção pessoal em combate; nas expedições, têm à disposição quantas vítimas desejarem e é-lhes permitido ficar com a pele e o lombo de quantas forem sacrificadas.

56.1

Estes os privilégios que detêm em tempo de guerra, mas estão, para o tempo de paz, fixados outros, da seguinte maneira: se se realiza

57.1

---

[125] Zeus, que gerara Perseu de Dânae. O pai da jovem, Acrísio, mantinha-a fechada numa câmara de bronze subterrânea, mas Zeus conseguiu lá entrar, em forma de chuva de ouro, e seduzir Dânae.

[126] Quer Heródoto se esteja a referir a poetas quer a prosadores (ou mesmo a ambos), ele parece indicar que, nas suas histórias, vai evitar assuntos que já receberam um tratamento literário, embora isso nem sempre lhe seja possível. *Vide* Macan LXXXIII sq. Nenci *ad loc.* admite a hipótese de Heródoto se estar a referir ao trabalho de Hecateu de Mileto e de Helanico.

[127] As prerrogativas régias dizem respeito a três situações específicas: a) tempo de guerra (cap. 56); b) tempo de paz (cap. 57); c) honras fúnebres prestadas após a morte (cap. 58).

algum sacrifício a expensas do Estado, são os reis os primeiros a tomar lugar no banquete e é por eles que se começa a servir, distribuindo a cada um, de tudo o que é servido, o dobro do que se dá aos outros comensais; a eles pertence a primazia nas libações e a pele dos animais
2 abatidos. Em todos os dias de lua-nova e no sétimo dia de cada mês, o Estado entrega a cada um dos reis uma vítima adulta para sacrificar a Apolo, um medimno de farinha e um quarto de vinho, na medida da Lacónia. E, em todos os jogos públicos, são-lhes reservados lugares de honra. Cabe a eles designar Próxenos[128] quem bem entenderem, de entre os cidadãos, e escolher, cada um, dois Pítios: os Pítios são mensageiros encarregados de consultar o oráculo de Delfos e mantidos, juntamente
3 com os reis, a expensas do Estado. Quando os reis não participam no banquete, são-lhes enviadas a casa duas quénices de farinha para cada um e uma cótila de vinho[129]; se estão presentes, têm direito a dose dupla de tudo quanto venha para a mesa. E recebem estes mesmos sinais de distinção quando os convidam para comer em casa de pessoas
4 particulares. Estão encarregados de guardar os oráculos recebidos, embora os Pítios também os conheçam. Apenas os reis podem fazer justiça nos seguintes assuntos: no caso de uma jovem que seja herdeira dos bens paternos, designar quem a deve tomar como esposa, se o pai a
5 não deu já em casamento; no cuidado dos caminhos públicos. Se alguém quiser adoptar uma criança, deve fazê-lo diante dos reis; têm ainda assento no conselho dos anciãos, que são em número de vinte e oito. Se os reis não comparecerem, os anciãos que lhes são mais próximos detêm as prerrogativas reais e colocam na urna dois votos, sendo o terceiro o deles próprios[130].
58.1 Estas as honrarias que o Estado espartano concede aos seus reis enquanto são vivos; ao morrerem, dá-lhes as seguintes: destacam-se cavaleiros com a função de espalhar a notícia do falecimento por toda a Lacónia; na cidade, as mulheres, andam às voltas batendo em caldeirões. Depois de assim procederem, é absolutamente necessário que, em cada casa, duas pessoas de condição livre, um homem e uma mulher, peguem

---

[128] Funcionários encarregados de receber os estrangeiros e de os pôr em contacto com as autoridades. Geralmente, no mundo grego, este título era atribuído pelo estado ao cidadão de outra pólis que fosse conhecido pela sua hospitalidade ou pelos serviços prestados. Vide José Ribeiro Ferreira, *A democracia na Grécia antiga* (Coimbra, 1990) 333. (Daqui para a frente citado apenas por Ribeiro Ferreira, *Democracia*.)

[129] Ambas são medidas de capacidade.

[130] Tucídides (1.20.3) deve referir-se provavelmente a este passo, quando indica como um erro frequente o facto de se pensar que os reis espartanos tinham direito a dois votos, em vez de um apenas.

em luto[131]. Quem não o fizer incorre em graves penas. A tradição que os Lacedemónios observam aquando da morte dos seus soberanos é semelhante à dos Bárbaros da Ásia. De facto, a maior parte deles procede da mesma forma por altura do falecimento dos reis. Quando um rei lacedemónio morre é obrigatório que, de toda a Lacónia, além dos Espartanos, um número determinado de Periecos[132] compareça também no funeral. E assim que estes, os Hilotas e os próprios Espartanos se reunirem aos milhares num mesmo sítio, batem, acompanhados pelas mulheres, no rosto, de forma violenta, e abandonam-se a prantos intermináveis, enquanto vão afirmando todo o tempo que o último rei falecido era verdadeiramente o melhor de todos. Se o soberano pereceu na guerra, então fabricam uma imagem dele e transportam-na ao sepulcro num leito bem preparado[133]. Depois de terminadas as honras fúnebres, não se faz nenhuma reunião na ágora durante dez dias nem a assembleia é convocada para eleições de magistrados, antes se entregam ao luto durante todo esse período. 2

3

Os Espartanos coincidem com os Persas noutro costume: assim que ao falecido sucede outro rei, este, ao entrar em funções, libera dos encargos qualquer Espartano que devesse alguma coisa ao rei ou ao Estado. Entre os Persas, o rei que toma posse desconta a todas as cidades o tributo que antes deviam. 59.1

Os Lacedemónios concordam ainda com os Egípcios noutra tradição: entre eles, os arautos, tocadores de flauta e cozinheiros herdam a arte dos pais, e assim um flautista é filho de um flautista, um cozinheiro de um cozinheiro e um arauto de um arauto. E outros que possuam uma voz forte não poderão excluí-los dessa tarefa, antes serão os filhos dos arautos a continuar o mester paterno. É este, portanto, o estado das coisas. 60.1

Ora enquanto Cleómenes estava em Egina e trabalhava pelo bem comum da Grécia, Demarato andava a acusá-lo, não tanto preocupado com os Eginetas, mas antes movido pela inveja e pelo ciúme. Ao regressar de Egina, Cleómenes procurou derrubar Demarato do trono, valendo-se 61.1

---

[131] À letra, 'se sujem', em alusão ao antigo hábito de cobrir de cinza as roupas e o cabelo, em sinal de luto.

[132] Apenas os Espartanos eram cidadãos com plenos direitos políticos e civis; os Periecos também serviam no exército e pagavam imposto, mas tinham menos direitos; os Hilotas estavam na condição de servos da gleba. Sobre estas três classes e sua possível origem, *vide* J.T. Hooker, *The ancient Spartans* (London, 1980) 115-120 e 133-143.

[133] No entanto, a morte de um rei na guerra e a perda do seu corpo constituíam uma raridade, pelo que o único caso seguro a acontecer até ao tempo de Heródoto foi o de Leónidas (*cf.* 7.238).

2   do seguinte pretexto como base de ataque: Aríston[134] reinava em Esparta e, apesar de ter desposado duas mulheres, ainda não tinha filhos. Não admitindo que fosse ele a causa da esterilidade, casou com uma terceira mulher, e fê-lo da maneira seguinte: Aríston possuía um amigo espartano, ao qual estava mais ligado do que a qualquer outro cidadão; ora acontecia que este homem tinha uma esposa que era, de longe, a mais bela de todas as mulheres espartanas, e isto depois que de muito disforme se
3   havia tornado tão bela. Quando ela ainda era feia, a sua ama – vendo que a menina era filha de gente rica, mas ainda assim desfigurada, e que o seu aspecto causava pesar aos pais – depois de se aperceber do problema, teve a seguinte ideia: todos os dias a levava ao templo de Helena[135]. Este situava-se no lugar chamado Terapne[136], acima do santuário de Febo. Sempre que a ama a levava, colocava-a diante da estátua e suplicava à
4   deusa que livrasse a menina da sua disformidade. Ora diz-se que, certo dia em que a ama regressava do templo, lhe apareceu uma mulher, que lhe perguntou o que levava nos braços. Ela disse que levava uma criança. A outra pediu-lhe que a mostrasse, mas ela respondeu que não, porque os pais a tinham proibido de apresentá-la a quem quer que fosse. A outra,
5   contudo, insistiu vivamente em que a deixasse ver. Ao aperceber-se de que a mulher fazia tanta questão em a olhar, a ama lá acedeu a mostrar-lhe a criança. E ela, acariciando a cabeça da pequena, disse que a menina se haveria de tornar na mais esbelta de todas as mulheres de Esparta. A partir daquele dia, a criança mudou totalmente de aspecto e, chegado o momento de se casar, desposou-a Ageto, filho de Alcides, o referido amigo de Aríston.

62.1   Acontece que Aríston ficou inflamado de amor por esta mulher e, por isso, engendrou o expediente seguinte: prometeu ao companheiro, a quem a mulher pertencia, dar-lhe um presente à escolha de entre todas as coisas que possuía, e convidou o amigo a fazer o mesmo em relação a si. Aquele não receou pela mulher, visto que Aríston já tinha uma; aceitou a proposta e obrigaram-se a cumprir a promessa, através de juramentos.
2   Depois disto, Aríston deu a Ageto o que este escolhera entre os seus tesouros; e ele próprio procurou obter do outro a contrapartida, pretendendo, então, levar para casa a esposa do amigo. Este disse que

---

[134] Este rei partilhou o poder com Anaxândrides (*cf.* 1.67). As datas tradicionalmente aceites para Anaxândrides e Aríston são 560-520 e 560-510 a.C., respectivamente.

[135] Como se pode depreender, Helena era adorada em Esparta como deusa da beleza (*cf.* 2.112).

[136] Residência dos antigos reis aqueus, onde se dizia que estavam sepultados Menelau e Helena (*cf.* Pausânias, 3.19.9).

tinha concordado em ceder tudo o mais à excepção da mulher, mas, forçado pelo juramento e pela manobra falaciosa de Aríston, teve de a deixar partir.

E assim, Aríston tomou esposa pela terceira vez, depois de ter repudiado a segunda. Ao fim de um período inferior ao normal, e sem ter completado os dez meses[137], esta mulher deu-lhe à luz o tal Demarato. Quando se encontrava em conselho juntamente com os éforos[138], um dos seus servos veio dar a notícia de que lhe tinha nascido um filho. Mas ele, estando bem ciente do tempo que decorrera depois que desposara a mulher, e depois de contar pelos dedos os meses, afirmou sob juramento: «Não pode ser meu.» Isto ouviram os éforos, mas de momento não deram importância ao caso. Entretanto, a criança ia crescendo e Aríston arrependeu-se do que tinha dito, pois tinha-se convencido com toda a certeza de que Demarato era seu filho. Havia-lhe posto o nome de Demarato pelo motivo seguinte: antes destes acontecimentos, os Espartanos tinham feito preces públicas no sentido de que a Aríston, a quem consideravam homem ilustre entre todos os que tinham sido reis em Esparta, nascesse um filho. Por esta razão é que que lhe foi dado o nome de Demarato[139].

Com o passar do tempo, Aríston faleceu e Demarato tomou a realeza. Mas estava no destino, segundo parece, que, quando se tornassem conhecidos, estes factos viessem a depor Demarato do trono. É que, a Cleómenes, Demarato tinha-se tornado particularmente odioso, primeiro por ter retirado o exército de Elêusis e, especialmente agora, aquando da expedição que Cleómenes fizera contra os Eginetas, partidários dos Medos.

Movido pelo desejo de vingança, Cleómenes fez um acordo com Leutíquides, filho de Menares, filho de Ágis, que era da mesma casa de Demarato; punha a condição de que, se o tornasse rei em lugar de Demarato, ele o deveria seguir contra os Eginetas. Leutíquides tinha-se tornado muito hostil a Demarato pela seguinte razão: tendo Leutíquides ficado noivo de Pércalon, filha de Quílon, filho de Demármeno, Demarato, querendo privá-lo desse casamento, adiantou-se-lhe, raptando

63.1

2

3

64.1

65.1

2

---

[137] São, obviamente, dez meses lunares, com cerca de vinte e sete dias e meio cada um.

[138] Magistrados existentes em várias *póleis* dóricas. Em Esparta, eram eleitos anualmente pelos cidadãos e o éforo mais velho dava o nome ao ano. Como acumulavam poderes executivos, judiciais e disciplinares, aproveitavam-se da escassez de leis para exercer grande influência no Estado. A relação com a monarquia sugere que a sua origem radicará numa primitiva disputa entre reis e aristocracia.

[139] O nome, composto de δῆμος ('povo') e ἀράομαι ('suplicar'), significará algo como 'fruto das súplicas do povo'.

3   Pércalon e tomando-a como esposa. Por este motivo, nascera a inimizade de Leutíquides contra Demarato; então, instigado por Cleómenes, Leutíquides acusou sob juramento Demarato, afirmando que ele não podia legitimamente ser rei dos Espartanos, uma vez que não era filho de Aríston. Depois deste juramento, acusou-o à justiça, evocando as palavras que Aríston dissera quando o servo lhe deu a notícia do nascimento do filho, com as quais ele, depois de contar os meses, jurara que não podia
4   ser seu. Apoiado nesta declaração, Leutíquides pretendia demonstrar que Demarato nem era filho de Aríston nem reinava com legitimidade sobre Esparta, e apresentava como testemunhas aqueles éforos que, na altura, participavam com Aríston no conselho e o tinham ouvido a exprimir-se daquela forma[140].

66.1   Por fim, já que o assunto levantava muita polémica, os Espartanos decidiram consultar o oráculo de Delfos, para saber se Demarato era na
2   verdade filho de Aríston. Mas a ideia de se consultar a Pítia havia sido premeditada por Cleómenes, que, entretanto, tinha atraído a simpatia de Cóbon, filho de Aristofanto, e homem muito influente em Delfos. Cóbon persuadiu Periala, a profetisa, a declarar o que Cleómenes queria que se
3   dissesse. E assim, em resposta à pergunta dos consulentes, a Pítia afirmou que Demarato não era filho de Aríston. Mais tarde, contudo, esta manobra foi descoberta e Cóbon teve de fugir de Delfos; quanto à profetisa Periala, foi destituída do seu ministério[141].

67.1   E foi nestas condições que se deu a deposição de Demarato; esta afronta acabou por fazê-lo fugir de Esparta para viver entre os Medos. Depois de ser deposto do cargo de rei, Demarato exercia uma magistratura
2   para a qual o tinham elegido. Celebravam, então, as gimnopedias[142] e Demarato assistia ao espectáculo, quando Leutíquides, que já tinha ocupado o seu lugar de rei, mandou um servidor perguntar-lhe, a fim de se rir às suas custas e de o ultrajar, qual era a sensação de ser magistrado
3   depois de ter sido rei. Ele, ofendido com aquela interpelação, replicou

---

[140] O processo contra Demarato foi movido em 491 a.C. Ele rondaria, nessa altura, a casa dos cinquenta, pois era rei havia cerca de vinte anos. Os éforos que escutaram as palavras de Aríston já seriam então muito idosos (os mais novos andariam pelos oitenta anos); estariam eles dispostos a recordar agora um argumento a que não deram importância em devido tempo? Não admira, portanto, que Leutíquides tivesse dificuldade em convencer o tribunal. *Vide* Macan *ad loc.*

[141] Deste Cóbon e da profetisa Periala, não se conhecem mais pormenores.

[142] À letra, festa 'dos jovens nus'. Tratava-se de uma festividade espartana solene, celebrada no pino do Verão. Nela participavam coros de jovens e homens nus, que dançavam e disputavam provas em honra de Apolo, na ágora e no teatro. *Cf.* Xenofonte, *Helénicas*, 6.4.16 e Pausânias, 3.11.7.

dizendo que já tinha experimentado ambas, enquanto que o outro não[143]; e que, pela certa, aquela pergunta constituiria para os Lacedemónios fonte ora de mil desgraças ora de mil benesses. Dito isto, cobriu a cabeça[144] e saiu do teatro em direcção a sua casa. Logo que acabou de se preparar, ofereceu um boi a Zeus e, terminado o sacrifício, chamou a mãe.

Quando ela chegou, pôs-lhe sobre as mãos uma parte das vísceras e suplicou-lhe com estas palavras: «Mãe, invoco como testemunhas todos os deuses e, em especial, Zeus protector do lar, e suplico-te que me digas a verdade; quem é realmente o meu pai? De facto, Leutíquides, ao longo dos debates, afirmou que tu vieste para a casa de Aríston grávida do primeiro marido; outros, por seu lado, afirmam uma coisa ainda mais absurda, ao dizerem que tu tiveste relações com um dos servos – o guardador de burros – e que eu sou filho dele[145]. Por isso te suplico, pelos deuses, que me digas a verdade. Ainda que tenhas feito alguma coisa do que para aí dizem, foste apenas mais uma, entre tantas outras. E também é voz corrente em Esparta que Aríston não tinha semente que lhe permitisse gerar filhos; de outra forma, também as primeiras mulheres lhe teriam dado descendência.»

Assim falou, e a mãe deu-lhe a seguinte resposta: «Filho, já que me pedes e suplicas que te diga a verdade, vou desvendar-ta na totalidade. Quando Aríston me conduziu para sua casa, na terceira noite depois da primeira veio ter comigo uma imagem semelhante a Aríston. Depois de se unir a mim, cingiu-me com as coroas que levava. Assim que a imagem se foi embora, apareceu Aríston. Quando me viu com as grinaldas, perguntou-me quem é que mas tinha dado. Eu respondi que fora ele. Mas ele não se convenceu. Então, eu jurei e disse que não lhe ficava bem continuar a negar, já que, pouco antes, depois de chegar e de se ter deitado comigo, me tinha dado essas coroas. Ao ver que eu jurava, Aríston percebeu que o caso era obra dos deuses. E, de facto, veio a verificar-se que as coroas eram provenientes do templo de um herói, situado perto da entrada do pátio, e a quem chamam Astrábaco[146]. E quanto aos adivinhos, declararam que se tratava desse mesmo herói. Assim, filho,

---

[143] Na verdade, antes de usurpar o trono, ele não tinha sido honrado com nenhum cargo pelos cidadãos.

[144] Em sinal de desânimo e de vergonha. *Cf. Odisseia* 10.53.

[145] Afronta duplamente ofensiva, pois seria não apenas filho de um servo, mas ainda do mais humilde dentre eles. *Vide* observações de Nenci *ad loc.*

[146] Sobre Astrábaco, *cf.* Pausânias, 3.16.6. Este herói espartano tinha uma capela nas imediações do templo de Licurgo.

aqui tens tudo quanto desejavas saber. Ou nasceste daquele herói e, nesse caso, o teu pai é Astrábaco, ou então é Aríston; pois foi nessa mesma noite que eu te concebi. E em relação ao principal argumento com que te atacam os adversários – lembrando que o próprio Aríston, quando lhe foram anunciar que tu tinhas nascido, havia dito na presença de numerosas testemunhas que não podias ser filho dele, já que o tempo (os dez meses) ainda não tinha decorrido – foi na ignorância de certas condicionantes
5 que ele deixou escapar essas palavras. De facto, as mulheres podem dar à luz também de nove e de sete meses, e nem todas completam os dez meses. E eu, filho, a ti gerei-te de sete meses. O próprio Aríston, não muito tempo depois, reconheceu que foi por imprevidência que deixara escapar aquele comentário. Não dês ouvidos a outras histórias que ponham a correr sobre o teu nascimento, pois escutaste toda a verdade. E possam as mulheres gerar filhos de guardadores de burros mas é a Leutíquides e a quantos afirmarem coisas do género.»

70.1   Estas foram as palavras da mãe; quanto a ele, depois de saber o que pretendia, pegou no necessário para a viagem e dirigiu-se para Élide, com o pretexto de que ia a Delfos interrogar o oráculo. Mas os Lacedemónios, desconfiados de que ele poderia tentar a fuga, seguiram-
2 -no. Demarato, contudo, adiantou-se e conseguiu passar de Élide a Zacintos; os Lacedemónios também fizeram essa travessia, capturaram- -no e retiraram-lhe os servos. Porém, em seguida, como os habitantes de Zacintos não concordassem com a sua extradição, de lá passou para a Ásia para junto do rei Dario. Este acolheu-o com grande liberalidade e
3 presenteou-o com terras e cidades[147]. Foi desta forma que Demarato atingiu a Ásia, depois de ter passado tais infortúnios; ele que, em muitas circunstâncias, se tinha distinguido, entre os Espartanos, pelas obras e conselhos; em especial, tinha-lhes dado a honra de uma vitória olímpica, por ele arrebatada com uma quadriga, sendo o único, entre todos os reis de Esparta, a conseguir tal proeza.

71.1   Assim que Demarato foi deposto, Leutíquides, filho de Menares, sucedeu-o no trono, e nasceu-lhe um filho, Zeuxidemo, a que alguns Espartanos chamavam também Cinisco. Este Zeuxidemo não chegou a reinar sobre Esparta; na realidade, morreu antes de Leutíquides, deixando
2 um filho, Arquidemo[148]. Leutíquides, contudo, uma vez privado de

---

[147] Pérgamo, Teutrânia e Halisarna. Segundo Xenofonte (*Helénicas*, 3.1.6), esta doação teria sido feita por Xerxes, como recompensa por ter participado na expedição contra a Grécia.

[148] A filha de Arquidemo chamava-se Cinisca e foi ela a primeira mulher a criar cavalos e com eles ganhar um prémio em Olímpia. *Cf.* Pausânias, 3.15.1.

Zeuxidemo, casou com uma segunda mulher, Eurídama, que era irmã de Ménio e filha de Diactórides, e da qual não lhe nasceu nenhum filho varão, mas sim uma filha de nome Lâmpito; esta viria a casar com Arquidemo, filho de Zeuxidemo, a quem Leutíquides a havia dado como esposa[149].

Mas nem sequer Leutíquides pôde envelhecer em Esparta; antes pagou, de alguma forma, as suas culpas contra Demarato, da seguinte maneira: comandava os Lacedemónios numa expedição contra a Tessália e, embora tivesse a possibilidade de submeter toda a região, deixou-se antes corromper por uma grande quantidade de dinheiro[150]. Foi apanhado em flagrante ali mesmo no acampamento, ao estar sentado sobre uma saca[151] cheia de dinheiro; citado diante do tribunal, fugiu de Esparta e a sua casa foi derrubada. Fugiu depois para Tégea, onde veio a morrer.

Mas estes acontecimentos ocorreram mais tarde. De momento, uma vez que, para Cleómenes, a manobra contra Demarato tinha sido bem encaminhada, aquele juntou imediatamente[152] a si Leutíquides e marchou sobre os Eginetas, pois alimentava contra eles um terrível ressentimento, por causa da afronta recebida. Desta vez, os Eginetas, ao verem os dois reis a avançarem sobre eles, não julgaram possível a resistência; então, escolheram e enviaram os dez homens mais valorosos pela riqueza e pelo nascimento, entre os Eginetas. Nesse número encontravam-se também Crio[153], filho de Polícrites, e Casambo, filho de Aristócrates, que eram os de maior autoridade. Levaram-nos para território ático e confiaram-nos à guarda dos Atenienses, os piores inimigos dos Eginetas.

Depois disso[154], tornou-se manifesto que Cleómenes tinha usado da intriga contra Demarato; aquele ficou com receio dos Espartanos e fugiu em segredo para a Tessália. De lá, dirigiu-se à Arcádia, onde tentou

72.1

2

73.1

2

74.1

---

[149] Provavelmente por determinação testamentária. Nascida de um casamento tardio de Leutíquides, ela era mais nova que o sobrinho, Arquidemo, de quem veio a ser esposa. O objectivo desta união terá sido o de evitar disputas familiares.

[150] Os Espartanos tinham fama de se deixarem subornar por dinheiro (*cf.* 3.56).

[151] À letra, 'manga' comprida do equipamento militar que poderia funcionar como luva para aquecer as mãos. (*Cf.* Xenofonte, *Helénicas*, 2.1.8.) É curioso notar que hoje se diz 'receber luvas', com o sentido de se deixar comprar pelo dinheiro.

[152] Heródoto recua de novo ao ano de 491 a.C. (*cf. supra* cap. 66 sqq.). A expressão αὐτίκα situa a tomada de reféns em Egina antes do Inverno desse ano (Macan *ad loc.*).

[153] *Cf. supra* cap. 50. Sobre Casambo nada se sabe em concreto.

[154] Os capítulos 74-84 centram-se sobre o exílio, reabilitação e morte violenta de Cleómenes (provavelmente pouco depois da Batalha de Maratona), com a apresentação de teorias para explicarem esse fim pouco glorioso. Há, ainda, uma digressão sobre a derrota infligida aos Argivos e a situação desesperada destes.

provocar distúrbios, agrupando os Arcádios contra Esparta e levando-os a prometer, debaixo de juramento, que o seguiriam para onde quer que ele os conduzisse; e, sobretudo, tinha a intenção de levar à cidade de Nonácris os chefes dos Arcádios, a fim de os fazer jurar sobre a água do
2   Estige[155]. É precisamente no território desta cidade, segundo afirmam os Arcádios, que se encontra a água do Estige e, na verdade, a situação é esta: aparece um fio de água a escorrer, gota a gota, de um rochedo para um vale; à volta deste vale corre uma cerca feita de pedras. A localidade de Nonácris, onde se situa esta fonte, é uma cidade da Arcádia vizinha de Feneu.
75.1   Mas os Lacedemónios, ao saberem que Cleómenes fazia estas manobras, tiveram receio e chamaram-no de novo a Esparta, com as mesmas condições com que antes tinha reinado. Mas, de regresso à pátria, foi tomado pela loucura, ele que já antes era de espírito um pouco desequilibrado: sempre que acontecia encontrar um Espartano, batia-
2   -lhe na cara com o bastão. Os parentes, ao verem que procedia daquela maneira e andava fora de si, prenderam-no numa paliçada de madeira. Mas ele, já preso, ao ver que apenas um homem o guardava, afastado dos colegas, pediu-lhe um punhal. Como, de início, o guarda não lho quisesse dar, ele ameaçou-o com o que lhe faria depois de se libertar, até que, receoso das ameaças, o guarda – que, na verdade, era um hilota –
3   lhe entregou o punhal. Cleómenes, assim que agarrou na arma, desatou a golpear-se, começando pelas canelas. Fazendo incisões na carne em sentido longitudinal, cortava desde as canelas às coxas, das coxas aos quadris e aos flancos, até que, chegando ao ventre, o retalhou, vindo a morrer dessa maneira. Pelo que diz a maior parte dos Gregos, isto aconteceu por ele ter industriado a Pítia sobre a forma de se pronunciar a respeito de Demarato; pelo que afirmam, sozinhos, os Atenienses, foi por ele, ao atacar Elêusis, ter saqueado o santuário das duas deusas[156];

---

[155] Pensava-se que um juramento feito sobre a água do Estige, na Arcádia, era particularmente vinculativo (cf. Ilíada, 15.38). Acreditava-se, ainda, que a água do Estige podia dar morte instantânea e que tinha grande poder corrosivo (cf. Pausânias, 8.18.4; Plínio, História natural, 2.231; 31.26), embora seja, de facto, quimicamente inofensiva.

[156] Deméter e Perséfone. Cf. 5.74, onde não se refere esse sacrilégio. Deméter é a divindade da terra cultivada, fundamentalmente a deusa dos cereais. Aparece muito ligada à sua filha, Perséfone, nascida da união com Zeus, e que viria a ser raptada por Hades, deus dos infernos, quando ela colhia flores com as ninfas suas companheiras. Esta história estava ligada a um importante culto – os mistérios de Elêusis – de que pouco sabemos ao certo, não obstante o grande número de pessoas que nele foram iniciadas. Vide George E. Mylonas, *Eleusis and the Eleusinian Mysteries* (Princeton, 1961); Walter Burkert, *Ancient mystery cults*, trad. port. *Antigos cultos de mistério* (São Paulo, 1992).

quanto aos Argivos, foi por ele ter feito sair do santuário do herói Argos
os Argivos que tinham escapado à batalha, assassinando-os, e, sem fazer
qualquer caso do bosque sagrado, o ter incendiado.

Na verdade, certa vez em que Cleómenes consultava o oráculo 76.1
de Delfos, foi-lhe vaticinado que haveria de tomar Argos. E quando, à
cabeça dos Espartanos, chegou ao rio Erasino, que se diz que corre do
lago Estinfális (de facto, este lago lança-se por uma fenda escondida
para reaparecer em Argos, e a partir desse ponto a torrente é apelidada
já, pelos Argivos, de Erasino[157]); ao chegar, portanto, junto deste rio,
Cleómenes ofereceu sacrifícios em sua honra. E ao ver que não lhe tinha 2
surgido nenhum presságio favorável para a travessia, disse que estava
muito admirado com o facto de o Erasino não querer trair os cidadãos,
mas que, ainda assim, os Argivos não teriam razão para se alegrar. Então,
fez recuar o exército e levou-o para Tírea; depois de oferecer um touro
ao mar, conduziu as tropas em navios até ao território de Tirinto e de
Náuplia.

Os Argivos, ao tomarem conhecimento destas manobras, 77.1
acorreram em defesa da zona costeira. Quando chegaram às imediações
de Tirinto, à localidade que tem o nome de Sepeia, e não guardando
muita distância entre os dois exércitos, aí acamparam, mesmo em frente
dos Lacedemónios. Nesta altura, os Argivos não tinham receio do
combate em campo aberto, mas sim de serem apanhados à traição. Na 2
verdade, segundo eles, era a este conflito que se referia o oráculo que a
Pítia tinha proferido conjuntamente para eles e para os Milésios, e que
rezava assim: «Mas quando a mulher vitoriosa expulsar o homem, e
granjear a glória na terra de Argos, então fará com que muitas das Argivas
firam o rosto. E assim dirá a geração futura: a terrível serpente de tríplice
espira sucumbiu, dominada pela lança.»[158] Todos estes acontecimentos 3
simultâneos assustavam os Argivos. Por isso, decidiram orientar-se pelo
arauto dos inimigos e, em função dessa decisão, passaram a agir da
seguinte maneira: sempre que o arauto espartano fazia algum sinal aos
Lacedemónios, os Argivos faziam a mesma coisa.

Mas Cleómenes apercebeu-se de que os Argivos faziam tudo 78.1
aquilo que o arauto espartano sinalava e ordenou então que, quando o
arauto desse sinal para irem comer, tomassem as armas e avançassem
contra os Argivos. Estas ordens foram cumpridas pelos Lacedemónios: 2

---

[157] A ideia da existência dessa corrente subterrânea é ainda mantida pela população local e poderá ter algum fundamento, apesar da distância envolvida. *Vide* How-Wells *ad loc.*

[158] Sobre o possível significado deste oráculo, *vide supra* p. 43-44.

95

enquanto os Argivos tomavam a refeição, conforme a instrução do arauto, caíram sobre eles matando grande número; e muitos mais ainda, que se tinham refugiado no bosque sagrado de Argos, foram cercados e vigiados.

79.1 Então, Cleómenes procedeu assim: informado pelos desertores que tinha ao pé de si, mandou um arauto chamar pelo nome os Argivos que estavam refugiados no lugar sagrado, fazendo dizer que tinha o resgate de cada um; entre os Peloponénios, o resgate a pagar está fixado em duas minas por cada prisioneiro de guerra[159]. E assim, Cleómenes

2 trucidou cerca de cinquenta, que ele chamou um por um. Aparentemente, estes factos passaram desapercebidos aos que continuavam no recinto sagrado; como o bosque era denso, os que estavam no interior não conseguiam ver o que faziam os do lado de fora, até que um deles subiu a uma árvore e, assim, compreendeu o que ocorria. Então, ainda que os chamassem, não saíam.

80.1 Perante esta situação, Cleómenes ordenou a todos os hilotas que rodeassem o bosque com madeira; assim que estas ordens foram cumpridas, deitou fogo ao bosque. E quando ele já ardia, perguntou a um dos desertores a quem é que era dedicado o bosque. Aquele respondeu-lhe que era consagrado a Argos. Mal ouviu a resposta, Cleómenes começou a gemer em altos brados e disse: «Ah, Apolo, senhor dos oráculos, bem me enganaste ao vaticinar que iria tomar Argos; creio que, para mim, o oráculo se cumpriu.»[160]

81.1 Depois destes eventos, Cleómenes despediu a maior parte do exército, para que regressasse a Esparta; e ele mesmo, com mil guerreiros de elite, se dirigiu ao templo de Hera, para fazer sacrifícios. Ao ver que queria ele mesmo proceder ao sacrifício sobre o altar, o sacerdote proibiu-o, afirmando que era interdito a um estrangeiro sacrificar naquele lugar. Cleómenes, então, ordenou aos hilotas que arredassem o sacerdote do altar e o açoitassem; depois, ele mesmo fez o sacrifício. Quando o deu por terminado, regressou a Esparta.

82.1 Mas, uma vez de regresso, os inimigos levaram-no até junto dos éforos, afirmando que ele não tinha tomado Argos, quando o poderia ter feito facilmente, por se ter deixado corromper com presentes. Este, porém,

---

[159] Esta tarifa não se confinava aos Peloponésios (*cf.* 5.77).

[160] Esta repentina piedade de Cleómenes parece suspeita, ele que, no preciso momento em que fala, está a violar um bosque sagrado, que sabe que os oráculos se podem comprar (cap. 66) e que, daí a pouco (81), dará nova prova de impiedade ao não respeitar o costume local de sacrifício. Parece mais consistente admitir que Heródoto está aqui a usar uma versão oficial espartana, que visaria explicar o facto de Cleómenes não partir para o assalto de Argos, depois de atingir uma vitória em campo aberto (*cf. infra* cap. 82).

respondeu-lhes – se estava a mentir ou a dizer a verdade, não o posso afirmar com certeza – objectando que, quando tomou o santuário de Argos, lhe pareceu que se tinha cumprido o oráculo do deus. Por essa razão, não lhe parecera correcto avançar sobre a cidade antes de ter procedido a uma consulta, com sacrifícios, e saber se a divindade[161] a entregava ou punha obstáculos à empresa. Mas eis que, enquanto fazia o sacrifício propiciatório no templo de Hera, brilhou no peito da imagem uma chama de fogo; então ele compreendeu, através deste sinal, a verdade: que não iria conquistar Argos. Pois se a chama tivesse refulgido na cabeça da imagem, teria dominado totalmente a cidade; uma vez que o clarão proveio do peito, então era porque ele tinha cumprido tudo quanto a divindade desejava. Com estes argumentos, pareceu aos Espartanos que falava de forma credível e verosímil, e livrou-se, com larga maioria, das acusações.

Argos ficou de tal maneira desprovida de homens, que os seus escravos passaram a tomar conta de tudo, comandando e administrando, até que os filhos dos que tinham perecido atingissem a idade adulta. De facto, mais tarde, estes recuperaram para si o domínio de Argos e perseguiram os escravos, que, expulsos, tomaram Tirinto pelas armas. Durante um certo tempo mantiveram entre si relações cordiais, até que estanciou junto dos escravos um adivinho chamado Cleandro, originário de Figália da Arcádia[162]. Este aconselhou os escravos a atacarem os senhores. Por esta razão, houve guerra entre eles durante muito tempo, até que, a custo, os Argivos conseguiram sair vencedores.

Os Argivos, portanto, dizem que foi por estes motivos que Cleómenes ficou louco e morreu de maneira miserável; contudo, os próprios Espartanos afirmam que Cleómenes não enlouqueceu por causa de nenhuma divindade, mas sim que, por ter convivido com os Citas, se habituara a beber vinho puro[163], sendo essa a causa da sua loucura. De facto, os Citas nómadas, depois que Dario invadiu o seu país, desejavam vivamente vingar-se dele; enviaram, portanto, a Esparta legados a fim de firmarem uma aliança, nos seguintes termos: que eles próprios, os Citas, deveriam tentar penetrar no território dos Medos subindo ao longo

---

[161] Θεός: o deus supremo – Zeus – de que Hera seria a intérprete; no entanto, se entendermos o vocábulo com o sentido genérico de 'divindade', pode referir-se simplesmente a Hera.

[162] Figália fica a sudoeste da Arcádia, perto da fronteira com Messénia.

[163] Uma vez que o vinho, na Grécia antiga, era muito denso e forte, os Gregos costumavam bebê-lo misturado com água, pelo que consumi-lo puro era sinal de grave intemperança e um uso bárbaro. Sobre o costume cita de beber vinho puro, *vide* Platão, *Leis* 637e.

do rio Fásis, enquanto convidavam os Espartanos a avançarem para o interior a partir de Éfeso, juntando-se depois num ponto determinado[164].

3 Afirmam, assim, de Cleómenes que, quando os Citas vieram com este projecto, ele os frequentava muito e, visitando-os mais do que seria conveniente, aprendeu com eles a beber vinho puro. Para os Espartanos, foi por este motivo que ele enlouqueceu. Desde então – pelo que eles afirmam – quando pretendem beber vinho sem mistura, dizem «à maneira dos Citas». É, por conseguinte, nestes termos que os Espartanos contam a história de Cleómenes; quanto a mim, parece-me que foi uma expiação em paga do seu comportamento com Demarato.

85.1 Quando os Eginetas tomaram conhecimento da morte de Cleómenes, enviaram a Esparta mensageiros, a fim de acusarem Leutíquides por causa dos reféns retidos em Atenas[165]. Os Lacedemónios, depois de reunirem o tribunal, reconheceram que fora cometida uma ofensa contra os Eginetas pela parte de Leutíquides e deliberaram entregá-
2 -lo para ser conduzido a Egina, em troca dos reféns cativos em Atenas[166]. Os Eginetas preparavam-se para levar Leutíquides, quando Teásides, filho de Leóprepes e homem respeitado em Esparta, lhes disse: «Que é que pensais fazer, homens de Egina? Levar o rei de Esparta que vos foi entregue pelos cidadãos? Se agora, movidos pela ira, os Espartanos assim decidiram, velai para que, no futuro, no caso de assim procederdes, eles
3 não lancem contra a vossa terra algum mal terrível.» Ao ouvirem este aviso, os Eginetas renunciaram à extradição, celebrando um acordo nestas condições: que Leutíquides os acompanhasse a Atenas e fizesse restituir aos Eginetas os seus concidadãos.

86.1 Assim que Leutíquides chegou a Atenas, reclamou os reféns em depósito, mas os Atenienses, que os não queriam devolver, arranjavam

---

[164] Este programa ambicioso de um ataque conjunto da Europa civilizada e não civilizada contra o déspota asiático ultrapassa mesmo os planos de Aristágoras (*cf.* 5.49) e alguns especialistas pensam que se trata simplesmente de uma história inventada para explicar o termo ἐπισκυθίζειν, aplicado para designar o costume de 'beber em excesso'. Vide How-Wells *ad loc.*

[165] *Cf.* cap. 73. Capítulos 85-93: a recusa ateniense de devolver os reféns eginetas vai conduzir à eclosão de renovadas hostilidades entre Egina e Atenas. A morte de Cleómenes e a consequente mudança na política espartana devem ser posteriores à Batalha de Maratona (490 a.C.), embora Heródoto apresente esses eventos como anteriores. *Vide* Macan *ad loc.* N.G.L. Hammond defende que Cleómenes morreu em Novembro de 491; *cf.* "The expedition of Datis and Artaphernes", in *The Cambridge ancient history. Vol. IV*, ed. J. Boardman, N.G.L. Hammond, D.M. Lewis, M. Ostwald (Cambridge, 1988) 491--517, p. 498. Daqui em diante citado por Hammond, "Datis and Artaphernes".

[166] Pela pronta reacção dos Eginetas e pela forma como os Espartanos lhes entregaram o protegido de Cleómenes, se pode ver o receio que este inspirou até ao dia da sua morte.

pretextos, argumentando que tinham sido dois os reis a confiá-los e que não seria justo entregá-los a um sem a presença do outro. Perante esta recusa dos Atenienses, Leutíquides falou-lhes nestes termos: «Atenienses, entre estas duas possibilidades, escolhei a que vos aprouver: entregar, segundo as leis divinas, ou não entregar e ir contra elas. Mas quero, por fim, dizer-vos o que aconteceu em Esparta por causa de um depósito feito[167]. Nós, Espartanos, costumamos contar que, na terceira geração anterior à minha, vivia na Lacedemónia Glauco, filho de Epicides. Conta-se que este homem tinha atingido o cume de todas as virtudes e gozava fama, especialmente, pela qualidade da sua justiça em relação a todos quantos habitavam a Lacedemónia nessa altura. E em devido tempo lhe aconteceu o que vamos narrar: chegou a Esparta certo homem de Mileto que desejava falar com ele, para lhe fazer a seguinte proposta: «Eu sou de Mileto e vim aqui com o desejo de usufruir da tua justiça, Glauco. É que, como acontece em todo o resto da Hélade, também na Iónia se fala muito da tua justiça; e tenho vindo a pensar cá para mim que a Iónia tem estado sempre exposta ao perigo – enquanto que o Peloponeso goza de grande estabilidade – e, por isso, vemos que a riqueza nunca permanece na mão das mesmas pessoas. E assim, depois de haver pensado e reflectido, decidi depositar junto de ti, depois de a converter em dinheiro, metade de toda a minha fortuna, pois sei bem que, deixando-a contigo, estará a salvo. Recebe, portanto, o meu dinheiro, toma estas marcas[168] e conserva-os em segurança; e se alguém, portador de marcas semelhantes, to reclamar, entrega-o a essa pessoa.»

Assim falou o estrangeiro proveniente de Mileto, e Glauco recebeu o depósito de acordo com a condição referida. Passado muito tempo, vieram a Esparta os filhos desse tal homem que lhe confiara o dinheiro; foram falar com Glauco, mostraram as marcas e pediram de volta a quantia. Mas ele evitava a responsabilidade, respondendo-lhes desta forma: «Não me lembro desse compromisso nem nada do que estais a dizer mo faz recordar; mas, assim que me recordar, quero proceder com

---

[167] Este episódio relativo a Glauco, que procura sustentar uma ética elevada, foi colocado na boca de alguém que, como Leutíquides, beneficiara de manobras em Delfos para atingir o trono (cap. 66) e que mostrara ser, ele próprio, corrupto (72). No entanto, apesar da incongruência e do paralelo ténue entre o comportamento de Glauco e o dos Atenienses, Heródoto não se sentiu dissuadido de apresentar mais uma história "edificante". *Vide supra* p. 44-45.

[168] Geralmente, moedas partidas em duas partes que, depois, se podiam unir de novo, a fim de garantirem a correcta identificação. Também poderiam ser simplesmente os presentes de hospitalidade (*tessera hospitalis*) que permitiriam provar a quem os levasse que era o herdeiro do tal Milésio. *Vide* How-Wells *ad loc.*

toda a justiça; isto é, se alguma coisa recebi, restitui-la-ei devidamente, mas, se nada me foi confiado, agirei convosco segundo a lei grega[169]. Portanto, remeto-vos a minha decisão no quarto mês a contar a partir deste».

γ Os Milésios partiram, alquebrados, como se tivessem perdido o dinheiro; quanto a Glauco, dirigiu-se a Delfos a fim de consultar o oráculo. Perguntou ao oráculo se era lícito apoderar-se da riqueza através do

2 juramento, ao que a Pítia retorquiu nestes termos[170]: «Glauco Epicidida, de momento é mais vantajoso vencer por um juramento e ficar com o dinheiro. Jura, pois a morte também atende o homem de juramentos sinceros. Contudo, o filho do Juramento não tem nome, nem mãos nem pés: no entanto, impetuoso, persegue o culpado, até o agarrar e destruir toda a estirpe e toda a casa. Mas a raça do que se manteve fiel aos juramentos terá, de futuro, melhor sorte.» Ao escutar estas palavras, Glauco pediu ao deus perdão pelo que tinha dito. A Pítia, contudo, retorquiu que pôr o deus à prova e praticar uma má acção eram faltas equivalentes.

δ Glauco, então, mandou chamar os estrangeiros de Mileto e devolveu-lhes o dinheiro. Vou em seguida dizer-vos, Atenienses, por que razão me pus a contar-vos esta história: agora, não existe nenhum descendente de Glauco nem lar algum que se diga que seja proveniente dele; pelo contrário, foi arrancado de Esparta pela raiz. Portanto, em relação a um depósito, é bom não pensar noutra coisa que não seja devolvê-lo a quem o reclamar.»

87.1 Quando terminou o relato, Leutíquides, ao ver que nem assim os Atenienses lhe davam ouvidos, partiu. Os Eginetas, antes de pagarem a pena dos males que precedentemente tinham causado aos Atenienses, para agradarem aos Tebanos[171], procederam da seguinte maneira: censuraram o procedimento dos Atenienses e, achando-se injustiçados, trataram de preparar a vingança. Os Atenienses celebravam, por aquela altura, uma festa quadrienal no Súnion[172]; os Eginetas armaram, então,

---

[169] Reconhecida por Espartanos e Iónios: isto é, recorrer ao juramento público de nada ter recebido.

[170] Ἔπεσι. Macan *ad loc.* admite a possibilidade de toda a história ter sido preservada em forma poética, pelo que estes versos constituiriam uma citação. Salienta, ainda, a elevada moralidade que todo o episódio transmite.

[171] *Cf.* 5.81. Nos termos em que a história está narrada, a culpa encontra-se do lado dos Eginetas, o que denotará talvez a origem ática do relato.

[172] No dizer de Isócrates (*Panegírico*, 45-46), Atenas era a cidade dos festivais e, de facto, eles ascendiam a largas dezenas por ano. Neste em particular, havia uma regata no Súnion (Lísias, 21.5), provavelmente em honra de Poséidon (Pausânias, 2.35.1), que nesse cabo tinha um grande templo, embora a Atena também fosse dedicado outro, nas imediações.

uma emboscada e capturaram a nau sagrada dos representantes, ocupada pelos cidadãos mais ilustres de Atenas, e levaram-nos presos.

Os Atenienses, quando sofreram este ultraje da parte dos Eginetas, não mais recuaram perante qualquer maquinação contra eles. E havia certo homem chamado Nicódromo, filho de Cneto, muito importante em Egina, que censurava aos seus concidadãos o facto de o haverem expulsado anteriormente da ilha; ao tomar conhecimento de que os Atenienses estavam dispostos a agir contra os Eginetas, acertou com os Atenienses a entrega de Egina, fixando o dia em que iria fazer a tentativa e em que seria necessário que eles fossem ajudar com reforços. Depois disto, Nicódromo, tal como havia sido combinado com os Atenienses, ocupou a chamada cidade velha, mas aqueles não compareceram na devida altura. 88.1

Aconteceu, de facto, que não tinham forças navais suficientes para combater as dos Eginetas[173], e, enquanto pediam barcos aos Coríntios, perderam a oportunidade. Os Coríntios – por aquela altura muito amigos deles – entregaram aos Atenienses, como resposta ao pedido, vinte naus; cederam-nas recebendo em troca cinco dracmas, pois, segundo a lei, não era permitido dispensá-las gratuitamente[174]. Ora, com estas e com as suas, os Atenienses equiparam ao todo setenta navios e velejaram para Egina, com um dia de atraso em relação ao combinado. 89.1

Nicódromo, contudo, ao ver que os Atenienses não compareciam na devida altura, embarcou e fugiu de Egina, em companhia de outros Eginetas, aos quais os Atenienses concederam residência no Súnion. Daí podiam lançar ataques para pilhar e devastar os Eginetas da ilha. 90.1

Mas estes acontecimentos deram-se mais tarde[175]. Em Egina, os ricos saíram vitoriosos contra o partido popular que se tinha rebelado juntamente com Nicódromo[176]; quando os conseguiram dominar, 91.1

Sobre os festivais áticos, vide Ludwig Deubner, *Attische Feste* (Berlin, 1956) e H. W. Parke, *Festivals of the Athenians* (London, 1977). Este último será citado, daqui em diante, por Parke, *Festivals*.

[173] Macan *ad loc.* assinala a estranheza da falta de barcos em Atenas, explicada somente pelo eventual facto de a cidade estar envolvida noutras campanhas. A insistência no apoio de Corinto, empenhada naquela altura em apoiar Atenas contra o poder de Egina, salienta a alteração da situação na altura em que Heródoto escrevia. Na verdade, a boa vontade coríntia não se manteve durante muito tempo depois do engrandecimento de Atenas, sob a direcção de Milcíades e de Temístocles.

[174] Ainda assim, o preço é meramente simbólico. Vide observações de Nenci *ad loc.*

[175] Sempre num período posterior a 490 a.C.

[176] Era esta, geralmente, a forma como um tirano subia ao poder: apoiando-se no descontentamento popular. Vide José Ribeiro Ferreira, *A Grécia antiga* (Lisboa, 1992) 74

levaram-nos para fora da cidade para os matar. Com tal acto, mancharam-
-se também com um sacrilégio e, por mais expedientes que inventassem,
não conseguiram a expiação através de sacrifícios; pelo contrário, foram
2   expulsos da ilha[177] antes de conseguirem apaziguar a deusa[178]. De facto,
levaram para fora da cidade, a fim de os matarem, setecentos homens do
partido popular tomados vivos; mas um deles conseguiu escapar-se das
amarras, refugiou-se junto do átrio do templo de Deméter Tesmofória e,
pegando nas argolas da porta, aí ficou agarrado. Os outros, já que não
conseguiam arrancá-lo mesmo puxando, cortaram-lhe as mãos e levaram-
-no assim. Quanto às mãos, essas continuaram agarradas às argolas.

92.1   Foi desta forma que os Eginetas agiram entre si. Quando os
Atenienses chegaram, combateram contra eles com setenta barcos[179] e,
vencidos na batalha naval, chamaram em sua ajuda os mesmos a quem
já antes tinham apelado, os Argivos[180]. Mas estes, agora, não vieram em
seu auxílio, acusando-os de que barcos de Egina – tomados embora à
força por Cleómenes – haviam abordado território da Argólida e que a
equipagem tinha desembarcado juntamente com os Lacedemónios; nessa
mesma expedição participaram também guarnições com barcos de Sícion.
2   Os Argivos aplicaram-lhes uma multa de mil talentos, quinhentos a cada
um. Os Siciónios, reconhecendo que tinham procedido mal, acordaram
em pagar cem talentos para se livrarem da multa; os Eginetas, contudo,
não só não reconheceram a falta como ainda se mostraram mais
arrogantes. Por isso, quando pediram ajuda, nenhum Argivo chegou a
ser enviado pelo Estado, mas ofereceram-se mil voluntários. Conduzia-
3   -os um comandante chamado Euríbates, praticante do pentatlo[181]. Destes,
a maior parte não regressou, sucumbindo às mãos dos Atenienses em

---

sqq. (daqui em diante citado por Ribeiro Ferreira, *Grécia antiga*). Contudo, nesta altura, os movimentos tirânicos já tendiam a desaparecer. Macan *ad loc.* vê nesta referência uma prova da presença de movimentos democráticos em Egina, com os auspícios de Atenas. *Vide* Macan 108 sqq. e quadro cronológico na p. 120.

[177] Pelos Atenienses, em 431; no início da Guerra do Peloponeso, Egina foi dividida entre colonos atenienses (*cf.* Tucídides, 2.27).

[178] Ou seja, Deméter, que será referida pouco depois.

[179] O número de naus representaria uma igualdade total – e pouco provável – de forças. Em 480 a.C., eles enviaram apenas dezoito barcos para Artemísion (*cf.* 8.1) e trinta para Salamina (8.46), embora possuíssem mais alguns.

[180] *Cf.* 5.86.4.

[181] Esta competição não corresponde totalmente ao pentatlo actual, pois englobava provas de salto, disco, luta, corrida e dardo.

Egina: este comandante Euríbates bateu-se em combate singular com três homens e dessa forma os matou, mas veio a perecer aos golpes do quarto, Sófanes de Decélia[182].

Os Eginetas, num momento em que os Atenienses estavam desorientados, avançaram com os seus barcos, venceram-nos e tomaram quatro das suas naus juntamente com a tripulação[183]. **93.**1

Enquanto os Atenienses iniciavam a guerra contra os Eginetas, o Persa[184] punha em prática o seu plano, pois o servo encarregado dessa tarefa estava sempre a recordar-lhe que se não esquecesse dos Atenienses[185] e os Pisistrátidas, que estavam a seu lado, também o incitavam contra os Atenienses; o próprio Dario pretendia – apoiado nesse pretexto – submeter aqueles Gregos que lhe não tinham dado terra nem água. Dispensou do comando Mardónio, que se tinha saído mal com a expedição[186], e designou outros generais para os enviar sobre Erétria e sobre Atenas; eram eles Dátis, de raça meda[187], e Artafrenes, filho de Artafrenes, que era seu sobrinho[188]. Enviou-os com ordens de reduzir à escravatura Atenas e Erétria e de trazer os habitantes à sua vista, uma vez feitos escravos. **94.**1

2

Os generais designados, avançando da parte do rei, chegaram à planície de Ale, na Cilícia, à frente de um exército de infantaria numeroso e bem equipado; enquanto estavam acampados nesse lugar, veio juntar--se a eles todo o exército naval, que os diferentes povos tinham tido ordens de fornecer, e vieram também os barcos para transporte de cavalos, que, no ano anterior, Dario tinha mandado aos seus tributários que aparelhassem. Depois que meteram neles os cavalos e embarcaram a **95.**1

2

---

[182] Eventos decorridos durante o assédio a Egina (cf. 9.75).

[183] Há um hiato na história. Aparentemente, os Atenienses tinham vencido no mar (92.1; Tucídides, 1.41) e em terra (92.3); no entanto, agora aparecem desorientados, a ponto de perderem quatro navios.

[184] Dario (cf. cap. 48). Capítulos 94-101: Dátis e Artafrenes progridem no Mar Egeu, conquistando Naxos (e outras Cíclades), Caristo e Erétria. Em 97-98, dá-se uma nota sobre Delos e o tremor de terra que a ilha sofreu.

[185] Cf. 5.105.

[186] Exagero e mesmo falta de rigor; se Mardónio foi exonerado, isso não se deveu ao falhanço da campanha. Cf. supra 45.2.

[187] A utilização de Medos em altos comandos ajuda a explicar o facto de os Gregos falarem deste grande conflito e dos seus adversários como 'Medos'.

[188] Artafrenes era filho de um irmão de Dario, também ele chamado Artafrenes (cf. 5.25.1).

infantaria, velejaram para a Iónia com seiscentas trirremes. Quando já estavam a bordo, eles não conduziram os navios ao longo do continente em direcção ao Helesponto e à Trácia, mas, partindo de Samos, atingiram Ícaros e seguiram rota através das ilhas; ao que me parece, porque temiam grandemente contornar o Atos, já que, no ano anterior[189], ao avançarem por esse caminho, tinham sofrido graves perdas. E, além disso, Naxos, que ainda não tinha sido submetida, obrigava-os a seguir essa trajectória[190].

96.1 Quando, ao saírem do Mar Icário[191], eles se aproximaram de Naxos e aportaram (pois era, em primeiro lugar, sobre esta ilha que os Persas pensavam avançar), os Náxios, recordados do que acontecera no passado, fugiram para as montanhas, sem esperar pelos inimigos. Quanto aos Persas, reduziram à escravatura os que conseguiram capturar e incendiaram os templos e a cidade. Feito isto, dirigiram-se para as outras ilhas.

97.1 Enquanto eles assim procediam, os Délios abandonavam também Delos e fugiam para Tenos. Ao ver que a frota se aproximava da costa, Dátis, tomando a dianteira, não permitiu aos navios que aportassem em Delos, mas antes em Reneia[192]. E ele mesmo, depois de se informar do
2 paradeiro dos Délios, enviou-lhes um arauto, com a seguinte mensagem: «Homens sagrados, porque é que fugistes, julgando-me portador de más intenções? Já de mim sou avisado quanto baste e, além disso, recebi do rei ordens nesse sentido: de, à terra onde nasceram os dois deuses[193], não causar qualquer dano, nem à terra em si nem aos seus habitantes.

---

[189] Deve tratar-se de um *lapsus calami*, pois o desastre ao largo do Atos aconteceu um ano antes do início dos preparativos de Dario, portanto em 492 a.C. *Cf.* capítulos 43-46.

[190] Para reparar o insucesso de Aristágoras (5.34).

[191] O Mar Icário prolonga-se de Quios até Cós. Segundo o mito, este nome provém de Ícaro, filho de Dédalo, para quem o pai fizera umas asas coladas com cera, para fugirem ambos à ira de Minos. Contra as advertências de Dédalo, Ícaro aproximou-se demasiado do sol, que derreteu a cera que ligava as asas, fazendo com que o jovem se precipitasse no mar ao largo de Samos.

[192] Era nesta ilhota que os habitantes de Delos sepultavam os mortos e onde se davam os nascimentos, já que não era permitido que se nascesse ou morresse na ilha sagrada onde nasceram Apolo e Ártemis. É por serem habitantes da ilha sagrada que os Délios serão chamados, no parágrafo segundo, 'homens sagrados'.

[193] Apolo e Ártemis. De uma maneira geral, os Persas respeitavam os deuses e santuários estrangeiros, desde que não tivessem de vingar alguma afronta recebida. Por outro lado, poderiam reconhecer, nestas duas divindades, o Sol e a Lua (correspondentes a Mitra e a Mah), a quem prestavam culto (*cf.* 1.131). Além disso, Dátis possuía Iónios entre a tripulação e, portanto, poderia achar prudente respeitar uma ilha que aqueles tinham como sagrada.

Regressai, portanto, aos vossos lares e continuai a habitar a vossa ilha.» Foi esta a mensagem que fez transmitir aos Délios e, em seguida, amontoou sobre o altar trezentos talentos de incenso e queimou-os.

Feito isto, Dátis navegou com a frota, primeiro sobre Erétria, levando consigo Iónios e Eólios; mas depois que ele se fez ao largo, Delos foi abalada por um terramoto, segundo afirmam os seus habitantes, e foi esta a primeira e última vez, até ao meu tempo[194]. Tratou-se, certamente, de um prodígio enviado pelo deus aos homens como sinal dos males que estavam para acontecer. De facto, sob o comando de Dario, filho de Histaspes, e de Xerxes, filho de Dario, e de Artaxerxes, filho de Xerxes, ou seja durante três gerações sucessivas, caíram sobre a Hélade mais desgraças do que durante as outras vinte gerações anteriores a Dario; males esses provenientes ora dos Persas, ora dos seus próprios chefes, envolvidos em lutas pela hegemonia[195]. Com as coisas neste pé, era perfeitamente natural que Delos tivesse sido abalada por um terramoto, quando antes nunca o fora. Até num oráculo estava escrito, a respeito de Delos: «Abalarei a própria Delos, sendo embora inabalável.» Em língua grega, estes nomes significam[196]: Dario, «guerreiro»; Xerxes, «repressor»; Artaxerxes, «grande repressor». A estes reis, portanto, também os Helenos poderiam dar um nome conveniente na nossa língua.

98.1

2

3

---

[194] Tucídides (2.8.3) refere que, pouco antes do início da Guerra do Peloponeso (431 a.C.), houve um terramoto em Delos, único até à data. A informação de Heródoto coloca-o em 490 a.C. As duas versões são inconciliáveis e o mais que se pode fazer é aventar algumas hipóteses explicativas: a zona é estável, pelo que pode, de facto, ter havido apenas um terramoto que, pelas razões pragmáticas que melhor serviam os objectivos de cada um dos historiadores, Heródoto colocou no contexto das Guerras Medo-Persas e Tucídides no da Guerra do Peloponeso. Pode também acontecer simplesmente que se não tenha dado nenhum sismo. Macan *ad loc.* pensa que, no conjunto, a hipótese mais provável é a de que o abalo da terra tenha acontecido na altura em que Heródoto o colocou – ou um pouco antes – sendo depois incluído entre o leque de *mirabilia* imediatamente anteriores à eclosão da Guerra do Peloponeso. *Vide supra* p. 39.

[195] Dario reinou de 522-486 a.C.; Xerxes de 486-465 e Artaxerxes de 465-424 (cronologia defendida por How-Wells). Estas palavras, contudo, não implicam que o reinado de Artaxerxes já tivesse terminado na altura da composição do livro, nem que Heródoto se referisse a eventos tão tardios. *Cf.* Macan e Nenci *ad loc.*

[196] Usámos, como sempre, a edição de Rosén que, neste ponto, segue a reescrita do texto proposta por A. B. Cook, *CR* 21 (1907) 169, mas que alguns editores consideram ousada (assim pensa Legrand). Concordamos, no entanto, com Cook, porque tornou mais evidente a semelhança fonética dos termos persas e gregos. A generalidade dos comentadores é de opinião que as traduções propostas por Heródoto, bem como a derivação implícita de Artaxerxes a partir de Xerxes (com um prefixo intensificador), vêm provar apenas o desconhecimento que Heródoto tinha do idioma de que estava a falar. *Cf.* também 1.131, 139. *Vide* ainda How-Wells e Nenci *ad loc.*

99.1
2
Depois de partirem de Delos, os bárbaros abordaram antes de mais as ilhas; aí receberam tropas e levaram como reféns os filhos dos ilhéus. Ao longo desta navegação pelas ilhas, aportaram também a Caristo[197], mas os seus habitantes não lhes entregaram reféns e recusaram-se a marchar contra as cidades vizinhas, referindo-se a Erétria e a Atenas[198]. Então, atacaram-nos e devastaram-lhes o território, até que mesmo os habitantes de Caristo se dobraram à vontade dos Persas.

100.1
Os Erétrios, quando tomaram conhecimento de que a armada persa vinha sobre eles, foram pedir aos Atenienses que viessem em seu auxílio. Os Atenienses não negaram a ajuda, antes lhes concederam a assistência dos quatro mil colonos clerucos[199] do território dos Hipóbotas[200] de Cálcis. Os Erétrios, contudo, não chegaram a uma decisão unânime, pois mandaram chamar os Atenienses e continuavam com opiniões divididas.
2
3
De facto, alguns deles preferiam deixar a cidade e dirigir-se para as partes altas da Eubeia; outros, que esperavam conseguir lucros pessoais junto dos Persas, preparavam-se para a traição. Mas, ao conhecer os sentimentos de cada uma das partes, Ésquines, filho de Nóton, que era das pessoas mais importantes em Erétria, relatou aos Atenienses, entretanto chegados, qual era o estado das coisas entre eles, e convidou-os a regressarem à sua terra[201], para não perecerem também. E os Atenienses acataram o conselho de Ésquines.

101.1
2
Enquanto estes passavam o Oropo[202] e se punham a salvo, os Persas, continuando a navegação, aportaram em território de Erétria, por alturas de Témenos, Quéreas e Egília e, assim que ocuparam estas localidades, desembarcaram os cavalos e prepararam-se para o embate com o inimigo. Mas os Erétrios não tinham intenção de sair a terreiro para combater: pretendiam, apenas, se fosse possível, defender as muralhas, pois tinha prevalecido o parecer de não abandonarem a cidade. O assalto às muralhas foi violento e, durante os seis dias que durou o

---

[197] A sul da Eubeia; era famosa pelo seu mármore verde e branco.

[198] Por terra, Caristo era vizinha da Erétria e estava separada de Atenas somente por um braço de mar. Hammond, "Datis and Artaphernes", 505, salienta o facto de que Caristo foi o primeiro Estado a resistir à invasão persa e que isso deu tempo a Erétria para pedir ajuda aos Atenienses (*cf.* 6.100.1).

[199] Ao contrário do colono normal (*apoikos*), um cleruco mantinha a cidadania da metrópole, embora vivesse na nova cidade fundada. Este tipo de colono só começa a aparecer no séc. V a.C. Vide Ribeiro Ferreira, *Democracia*, 321.

[200] *Cf.* 5.77. À letra, 'criadores de cavalos'.

[201] Ou seja, à Ática, já que, como ficou dito antes, os clerucos mantinham a cidadania da metrópole.

[202] Zona junto à costa na fronteira nordeste entre a Beócia e a Ática.

ataque, muitos caíram de ambos os lados. No sétimo, contudo, Euforbo, filho de Alcímaco, e Filagro, filho de Cíneas, cidadãos respeitáveis, entregaram a cidade aos Persas[203]. Estes entraram e, quanto aos templos, depois de os saquearem, atearam-lhes o fogo, como represália pelos santuários queimados em Sardes; quanto aos homens, reduziram-nos à escravatura, conforme as instruções de Dario[204]. 3

Depois[205] de submeterem Erétria e de lá se deterem durante alguns dias, navegaram para território ático, pondo em grandes cuidados os Atenienses, por pensarem que os iriam tratar da mesma forma como haviam tratado os Erétrios. E uma vez que Maratona era a localidade da Ática mais apropriada para as evoluções dos cavaleiros e a mais próxima de Erétria[206], Hípias, filho de Pisístrato, para lá os conduziu. 102.1

Mas os Atenienses, mal tiveram esta informação, acorreram também eles a Maratona. Conduziam-nos dez estrategos, dos quais o décimo era Milcíades, cujo pai, Címon, filho de Esteságoras, teve de fugir de Atenas por causa de Pisístrato, filho de Hipócrates. E, durante o seu exílio, aconteceu-lhe vencer uma prova olímpica com uma quadriga, 103.1

.2

---

[203] Hammond, "Datis and Artaphernes", 505, salienta que a decisão dos Erétrios de se refugiarem dentro das muralhas e de aí defenderem a cidade estava de acordo com as tácticas militares gregas, mais aptas para a defesa que para o assalto. Não fosse o facto de dois homens entregarem a cidade (provavelmente à traição, abrindo uma porta ou portas) e seria necessário que o cerco durasse muito mais tempo. Sobre a tomada de Erétria como modelo reduzido da campanha de Maratona, vide A. Hurst, "La prise d' Érétrie chez Hérodote, VI.100-101": *Museum Helveticum* 35 (1978) 202-211.

[204] Heródoto parece fazer uma distinção entre as ordens de Dario (*cf.* 94.2) e o acto de vingança, talvez não autorizado.

[205] Capítulos 102-108: preliminares da batalha de Maratona: o desembarque persa; o comando de Milcíades; o pedido de ajuda a Esparta e a vinda dos Plateenses.

[206] Duas afirmações contestáveis. A cavalaria, que não desempenhou papel de relevo na batalha de Maratona, teria um campo de acção mais favorável, por exemplo, na planície ateniense, já que Maratona era balizada por pântanos e montanhas; por outro lado, as regiões de Oropo ou de Ramnos estariam mais próximas de Erétria. Maratona, que englobava uma baía, uma praia e uma planície, parece mais apta a base de operações do que a campo de batalha. Sobre as possíveis razões que levaram ao desembarque em Maratona e à ausência de cavalaria na batalha, *vide* How-Wells, App. XVIII, § 5, 8. A questão de Hípias ter conduzido os Persas a esse lugar pode ter que ver com o facto de seu pai – Pisístrato – ter avançado sobre Atenas também por esse lado (*cf.* 1.62); levado pela superstição, talvez pensasse que poderia alcançar um sucesso semelhante. Sobre as principais questões relativas à batalha de Maratona, *vide* Harold Y. McCulloch, Jr., "Herodotus, Marathon, and Athens": *Symbolae Osloenses* 57 (1982) 35-55 (daqui em diante citado por McCulloch, "Herodotus"); Hammond, "Datis and Artaphernes", esp. 506-517; J. A. S. Evans, "Herodotus and the battle of Marathon", *Historia* 42 (1993) 279-307 (a partir de agora citado como Evans, "Herodotus").

vitória essa que lhe granjeou a mesma fama que ao seu irmão uterino, Milcíades[207]. Mais tarde, na olimpíada seguinte, ao vencer com os mesmos cavalos, concedeu a Pisístrato a honra de ser proclamado
3 vencedor em seu lugar; ao renunciar assim a essa vitória, pôde regressar a casa ao abrigo de um acordo. E depois de ter arrebatado ainda, com os mesmos cavalos, a vitória noutra olimpíada[208], veio a morrer vítima dos filhos de Pisístrato, quando o próprio Pisístrato já não era vivo: assassinaram-no junto do Pritaneu, de noite, servindo-se de homens emboscados. Címon foi sepultado fora da cidade, para lá da estrada que atravessa a zona chamada «Cova»[209]; à frente dele encontram-se
4 enterrados os cavalos que venceram as três olimpíadas. Já outros cavalos, os de Evágoras da Lacónia, tinham conseguido proeza semelhante, mas nenhuns conseguiram fazer melhor. Portanto, o mais velho dos filhos de Címon, Esteságoras, era, por esta altura, criado junto do tio paterno, Milcíades, no Querseneso; e o mais novo, junto do próprio Címon, em Atenas, e, tal como o colonizador do Querseneso, Milcíades, tinha o nome de Milcíades.

104.1 Ora este Milcíades era estratego dos Atenienses, depois de vir do Querseneso e de ter escapado a um duplo perigo de morte. De facto, não só dos Fenícios que o perseguiram até Imbros[210] e haviam empenhado
2 preço elevado para o capturarem e levarem ao Grande Rei; mesmo depois de ter escapado àqueles e de ter chegado à sua terra, quando já se julgava a salvo, ainda aí os adversários[211] o acolheram com hostilidade e o levaram perante o tribunal, acusando-o de tirania no Querseneso. Ele, contudo, escapou também a estes e foi aclamado estratego pelos Atenienses, por escolha do povo.

105.1 Antes de mais, quando ainda estavam na cidade, os estrategos enviaram a Esparta o arauto Filípides[212], cidadão ateniense que era

---

[207] *Cf.* cap. 38.
[208] As datas destas vitórias seriam, provavelmente, as de 532, 528 e 524 a.C.
[209] Κοίλη. A estrada passaria entre as grandes muralhas, provavelmente na depressão entre a Colina das Ninfas e a da Pnix. As sepulturas ficariam de ambos os lados, à saída da porta de acesso. *Cf.* How-Wells *ad loc.*
[210] *Cf. supra* cap. 41.
[211] Estes inimigos eram provavelmente os mesmos que o vieram a perseguir de novo, mais tarde e com maior sucesso: Xantipo e os seus partidários Alcmeónidas (*cf. infra* cap. 136).
[212] Neste caso, optámos pela lição Φιλιππίδην, registada também nos códices e sustentada por Hude. A corrente de opinião que defende a *lectio difficilior* (Φειδιππίδην) tem igualmente a sua pertinência e joga a favor dela a forma como o comediógrafo Aristófanes parodia esse nome (*Nuvens* 67). *Vide* Nenci *ad loc.* McCulloch, "Herodotus", 40-41, defende que o encontro de Filípides com Pã antecede o "pânico" que tomará os Persas ao verem os Atenienses em carga.

correio[213] e disso fazia profissão. Este homem – segundo o que o próprio Filípides referiu, narrando o facto aos Atenienses – teve um encontro súbito com Pã, nas imediações do monte Parténion[214], para lá de Tégea. Depois de ter chamado, em alta voz, pelo nome de Filípides, Pã ordenou-lhe que fosse perguntar aos Atenienses por que motivo lhe não dispensavam nenhuma atenção, ele que era um deus favorável aos Atenienses e que, em muitas ocasiões, lhes tinha já sido útil, e ainda o haveria de ser no futuro. Ora os Atenienses, quando a sua situação já se encontrava estável, tomando como verdadeiras estas afirmações, erigiram no sopé da Acrópole um templo a Pã, e, depois desta mensagem, trataram de atrair os favores do deus com sacrifícios anuais e com uma corrida de tochas.

Ora este tal Filípides, enviado pelos estrategos na mesma missão em que garantiu que lhe tinha aparecido Pã, chegou a Esparta um dia depois de ter deixado Atenas e, levado à presença dos arcontes, disse: «Lacedemónios, os Atenienses pedem-vos que venhais em sua ajuda e que não permitais que a cidade mais antiga da Hélade caia na escravidão por obra de bárbaros; pois neste momento já Erétria foi reduzida à escravatura e a Hélade ficou privada de uma importante cidade.» Ele comunicou aos Espartanos o que lhe tinha sido ordenado e a estes agradou a ideia de ajudarem os Atenienses, mas objectaram que o não podiam fazer imediatamente, pois não queriam transgredir a lei: estava-se, efectivamente, no nono dia do mês, e declararam que, no nono dia, não podiam pôr-se em marcha, porque a lua ainda não estava cheia.

Enquanto eles esperavam pela lua cheia, Hípias, filho de Pisístrato, conduzia os bárbaros a Maratona, depois de, na noite precedente, ter tido a seguinte visão: pareceu-lhe ter-se deitado com a própria mãe. Hípias deduziu deste sonho que, uma vez regressado a Atenas e retomado o poder, viria a morrer de velhice na sua pátria. Foi esta a interpretação que atribuiu à visão; mas, de momento, na qualidade de guia, deu instruções para que os escravos feitos em Erétria desembarcassem numa ilha pertencente aos habitantes de Éstira, chamada Egília[215]; ao mesmo tempo, fazia ancorar os navios, à medida que iam arribando a Maratona, e dispunha os bárbaros nas suas posições, assim que desciam a terra. Estava ele nestes preparativos quando lhe aconteceu espirrar e tossir

---

[213] Ἡμεροδρόμην, à letra 'que corre durante o dia'.
[214] Situado entre a Argólida e a Arcádia, onde Pã tinha um templo (Pausânias, 8.54.6).
[215] Éstira é uma cidade situada a sudoeste da Eubeia e não distante de Maratona. Egília fica à saída do porto.

com uma intensidade inusitada; por outro lado, sendo ele já de idade[216], tinha a maior parte dos dentes a abanar. Ora, com a violência da tosse, um dos dentes saltou-lhe da boca, caiu na areia e estava a ser difícil
4 encontrá-lo. Ao ver que o dente não aparecia, comentou, com um suspiro, para os que o rodeavam: «Esta terra não nos pertence nem nós a poderemos dominar: a parte que a mim cabia, está ocupada pelo meu dente.»
108.1 Hípias chegou à conclusão de que, deste modo, se tinha completado a sua visão[217]. Quando os Atenienses tomaram posições no recinto sagrado de Héracles, vieram em auxílio os Plateenses, com todas as suas forças. Na verdade, os Plateenses tinham-se aliado aos Atenienses, pois também estes já tinham afrontado grandes perigos por causa deles.
2 A aliança processou-se desta maneira[218]: oprimidos pelos Tebanos, os Plateenses quiseram confiar-se, em primeiro lugar, a Cleómenes, filho de Anaxândrides, e aos Lacedemónios, que se encontravam nas imediações. Mas estes não aceitaram a proposta e objectaram nestes termos: «Nós vivemos demasiado longe e esta aliança seria para vós pouco eficaz, pois correríeis o risco de cair muitas vezes na escravatura,
3 antes de alguém nos poder avisar. Aconselhamo-vos antes a fazer um pacto com os Atenienses, que são vossos vizinhos e bem capazes de vos defender.» Os Lacedemónios deram este conselho não tanto por preocupação com os Plateenses, mas porque queriam que os Atenienses
4 se desgastassem ao empenhar-se com os Beócios. Os Lacedemónios aconselharam, portanto, os Plateenses desta maneira e eles não se opuseram; pelo contrário, quando os Atenienses se encontravam a fazer um sacrifício aos doze deuses[219], sentaram-se sobre o altar como

---

[216] Uma vez que Hípias era adulto havia mais de meio século (*cf.* 1.61, 63), deveria andar pelos setenta anos.

[217] A história pode ser apenas uma anedota à custa do velho tirano exilado. Contudo, não deixa de estar de acordo com o seu carácter supersticioso e mesmo com certo tipo de religiosidade que ele partilhava (*cf.* 5.93). McCulloch, "Herodotus", 41, salienta que o sonho de Hípias, além de constituir o correspondente do lado persa para o encontro de Filípides com Pã (6.105), segue uma lógica familiar em Heródoto: sonho; falsa interpretação do sonho; concretização da visão onírica e reconhecimento do seu real significado.

[218] O relato da origem da aliança entre Atenas e Plateias faria mais sentido se figurasse a par das outras expedições de Cleómenes à Grécia Central (*cf.* 5.64, 72, 74). Para explicar a ordem seguida por Heródoto, Macan *ad loc.* aventa duas hipóteses: ou Heródoto escreveu a Batalha de Maratona (juntamente com este *excursus*) antes da narrativa do livro 5, ou então a história da aliança com Plateias está a seguir a mesma linha de exposição que tinha a fonte usada por Heródoto.

[219] Em Atenas, os doze deuses eram Zeus, Hera, Poséidon, Deméter, Apolo, Ártemis, Hefestos, Atena, Ares, Afrodite, Hermes e Héstia. Tinham um altar no centro da ágora ateniense e era a partir dele que se calculavam as distâncias.

suplicantes e confiaram-se a eles. Os Tebanos, ao tomarem conhecimento do facto, marcharam sobre Plateias e os Atenienses foram em sua ajuda. Quando o combate estava para se iniciar, os Coríntios, que estavam na zona, não o permitiram, conseguiram a reconciliação – já que ambos os tomaram como mediadores – e procederam à delimitação do território nas condições seguintes: que os Tebanos deixariam por sua conta os Beócios que não quisessem integrar a Liga Beócia. Os Coríntios partiram, depois de estabelecerem este pacto, mas quando os Atenienses se afastavam, os Beócios atacaram-nos e com isso foram derrotados em combate. Então, os Atenienses alargaram as fronteiras que os Coríntios tinham estabelecido para os Plateenses, estendendo-as de modo que o próprio curso do Asopo servisse de limite para os Tebanos, em relação a Plateias e a Hísias[220]. Os Plateenses, portanto, aliaram-se aos Atenienses da forma referida, e agora acorreram a Maratona em sua ajuda. 5

6

Porém[221], as opiniões dos generais atenienses estavam divididas: uns não queriam combater (argumentando que eram poucos para conseguirem fazer frente ao exército dos Medos); os outros – com Milcíades entre eles – exortavam à acção. Encontravam-se divididos e a opinião menos boa estava para vencer[222], mas havia ainda um décimo-primeiro votante, o que tinha sido eleito pela fava para ser polemarco dos Atenienses (de facto, antigamente, os Atenienses consideravam que o polemarco tinha o mesmo direito de voto que os estrategos)[223]. Era polemarco, por essa altura, Calímaco de Afidna e foi para junto dele que Milcíades se dirigiu[224], falando-lhe nestes termos: «Agora, Calímaco, está nas mãos tuas lançar Atenas na escravidão ou torná-la livre e deixar de ti, enquanto a raça humana existir, uma recordação tal que nem 109.1

2

3

---

[220] O território de Hísias, que ficava a este de Plateias, era disputado por Plateias e Tebas.

[221] Capítulos 109-117: Batalha de Maratona: a decisão de combater; a derrota do exército persa e o regresso de Milcíades a Atenas; baixas de ambos os lados.

[222] Isto significará que as duas votações não eram necessariamente equivalentes, pois, se assim fosse, não haveria motivo para julgar que a opinião menos boa pudesse prevalecer. *Cf.* 109.4.

[223] O arconte polemarco, que superintendia em assuntos de guerra, em 490 a.C. ainda não era escolhido pela «fava», ou seja, à sorte. Essa medida, responsável pela perda de importância dos arcontes em relação aos estrategos, deve ser uma das consequências da Batalha de Maratona e data apenas de 487/86 (*cf.* Aristóteles, *Constituição de Atenas*, 22.5). Embora Heródoto tenha o cuidado de distinguir as funções que o arconte polemarco tinha na altura da Batalha de Maratona e no seu tempo, incorre num pequeno anacronismo em relação à forma de atingir essa magistratura. Sobre esta questão, *vide* Ribeiro Ferreira, *Democracia*, 108 sqq.; Nenci *ad loc.*

[224] Calímaco não tinha, portanto, assistido à reunião dos estrategos.

   Harmódio nem Aristogíton[225] deixaram. Desde que nasceram, é agora que os Atenienses correm o perigo maior; e se eles tiverem de baixar a cabeça perante os Medos, está desde já decidido o que terão de sofrer quando forem entregues a Hípias; mas se esta cidade vencer, então tornar-
4 -se-á a primeira das cidades helenas. Ora de que maneira isso pode acontecer e como é a ti que cabe a decisão final no assunto, é o que vou passar a dizer-te. Entre nós, estrategos, que somos dez, surgiram duas
5 opiniões contrárias: uns querem ir para o combate, outros não. Ora, se nós não combatermos, temo que uma grande agitação se abata sobre os Atenienses e lhes perturbe os espíritos a ponto de se passarem para o lado dos Medos. Pelo contrário, se atacarmos antes que um qualquer pensamento funesto se instale em alguns dos Atenienses – e se os deuses
6 se mostrarem neutrais – somos bem capazes de vencer a batalha. É, portanto, a ti que agora tudo diz respeito e só de ti depende. Se te puseres do meu lado[226], então terás uma pátria livre e a tua cidade será a primeira da Hélade; mas se escolheres a opinião dos que dissuadem do combate, nesse caso colherás o contrário dos bens que referi.»

110.1   Ao falar nestes termos, Milcíades atraiu a si Calímaco e assim, com a adesão do polemarco, foi sancionada a ideia de combater[227]. Em seguida, os estrategos que partilharam a opinião de se combater, à medida que ia cabendo a cada um a pritania[228] do dia, passavam-na a Milcíades. E ele, embora aceitasse, não iniciou a luta antes de chegar a sua vez de presidir.

111.1   Quando esse dia chegou, então os Atenienses dispuseram-se para a batalha da seguinte maneira: a ala da direita era comandada pelo polemarco, Calímaco (era de regra agora, entre os Atenienses, que o

---

  [225] Harmódio e Aristogíton, os tiranicidas, foram responsáveis, em 514 a.C., pela morte de Hiparco, um dos filhos de Pisístrato; eram naturais de Afidna, tal como Calímaco. Depois da queda da tirania, em 510, passaram a ser exaltados como libertadores do jugo da opressão. Apesar do desejo expresso por Milcíades em relação à fama do polemarco, o futuro não veio a honrar o voto, talvez por Calímaco ter perecido em Maratona (*infra* cap. 114) e não ter garantido quem zelasse pela sua glória. Ficou mais conhecido Milcíades.
  [226] Milcíades torna sua uma posição que pertencia, afinal, a outros estrategos também.
  [227] A decisão final não resultou propriamente da junção de um voto a um grupo pré-existente de votos, mas sim de uma escolha entre duas possibilidades. Em 490 a.C., o polemarco era ainda o comandante supremo do exército e a ele cabia a decisão final respeitante às propostas dos estrategos.
  [228] Macan *ad loc.* pensa que esse privilégio consistia numa rotação no posicionamento das tribos e do seu comandante, a que corresponderia um lugar de maior ou menor destaque; no entanto, mantinha-se intacto o comando supremo do polemarco. Em todo o caso, o estudioso exprime reservas quanto ao facto de Heródoto ter usado aquele termo com exactidão.

polemarco ficasse com a ala da direita)[229]. Com ele à cabeça, seguiam-se as tribos, de acordo com o seu número, umas ao lado das outras; por último, na ala esquerda, estavam posicionados os Plateenses. Depois deste combate, sempre que os Atenienses celebram sacrifícios por altura das grandes festas quadrienais[230], o arauto ateniense faz votos de que tenham boa sorte, juntamente com os Atenienses, também os Plateenses. Ora quando os Atenienses estavam posicionados, em Maratona, a situação era a seguinte: a linha da frente do exército era igual à do exército medo, mas a parte central era constituída por poucas fileiras, sendo aí o seu ponto mais vulnerável, já que ambas as partes laterais se encontravam reforçadas de soldados[231].

Assim que se dispuseram nos postos e que os sacrifícios deram bons presságios, então os Atenienses, mal foi dado o sinal de avanço, lançaram-se em correria sobre os bárbaros. A distância que os separava não era inferior a oito estádios; os Persas, contudo, ao vê-los avançar em corrida, prepararam-se para os receber, julgando que os Atenienses tinham ficado loucos, e de uma loucura certamente fatal, pois constatavam que eram poucos e, ainda por cima, que se lançavam em corrida sem o apoio da cavalaria nem dos archeiros. Estas eram as conjecturas dos bárbaros. Contudo, os Atenienses, mal se misturaram com eles, de forma compacta, combateram de forma digna de nota. Na verdade, foram eles – pelo que sabemos – os primeiros Helenos a usarem a táctica do assalto em corrida; os primeiros a suportarem a visão do equipamento medo e dos homens que o envergavam[232], quando, até àquela altura, entre os Helenos, o simples facto de escutarem o nome dos Medos era causa de terror.

---

[229] A posição que, outrora, era destinada ao rei (cf. Eurípides, *Suplicantes*, 657), por ser o lugar de honra e de maior responsabilidade na frente de batalha (cf. 9.28; 46; Tucídides, 5.71), era agora destinada ao seu sucessor no comando, o polemarco (cf. Aristóteles, *Constituição dos Atenienses*, 3.2).

[230] Em Atenas eram cinco: Délias, Braurónias, Heracleias, Eleusinas, Panateneias. Heródoto refere-se provavelmente a estas últimas, que eram as mais importantes. Em boa verdade, as Panateneias realizavam-se todos os anos, mas com toda a solenidade apenas de quatro em quatro anos. Eram estas que se chamavam Grandes Panateneias e prolongavam-se por vários dias. O dia culminante, vinte e oito de julho, era marcado por uma procissão em honra de Atena, onde participavam todas as forças vivas da cidade. O objectivo era oferecer à deusa o manto bordado pelas filhas das melhores famílias. *Vide* Parke, *Festivals*, esp. 33-50.

[231] Esta distribuição não deve ter sido acidental; embora justifique, em parte, a retirada das tropas posicionadas ao centro (cf. 113), deve corresponder a uma estratégia deliberada para reforçar as partes laterais e evitar um ataque pelos flancos.

[232] Heródoto refere-se aos Gregos da Europa, uma vez que os da Ásia estavam já familiarizados com esse equipamento (cf. 1.169; 5.2, 102, 110, 113; 6.28).

113.1   Combateu-se durante muito tempo em Maratona: no centro do exército, saíram vitoriosos os bárbaros, onde estavam posicionados os próprios Persas e os Sacas[233]. Nesse ponto, portanto, os bárbaros levaram a melhor e, rompidas as defesas, perseguiram os inimigos no interior; mas, nas partes laterais, foram os Atenienses e os Plateenses quem venceu.
2   Embora tivessem ganho, deixaram escapar os bárbaros que se haviam posto em fuga, preferindo juntar as duas alas e combater os que tinham rompido o centro das suas fileiras; e a vitória coube aos Atenienses. Depois perseguiram os Persas em fuga, golpeando-os, até que, chegados ao mar, pegaram em fogo e atacaram os barcos.
114.1   No decurso desta empresa caíram mortos o polemarco Calímaco, que combateu com denodo, e um dos estrategos, Estesilau, filho de Trasilau; lá pereceram também Cinegiro, filho de Eufórion[234] – que se tinha agarrado aos adornos da popa de um barco e caiu, depois de lhe cortarem a mão com um machado – e muitos outros Atenienses ilustres.
115.1   Os Atenienses apoderaram-se de sete navios dessa maneira; com os restantes, os bárbaros fizeram-se ao largo[235], regressaram à ilha onde tinham deixado os escravos capturados em Erétria e dobraram o Súnion, com a intenção de chegarem à cidade antes dos Atenienses. Corre entre os Atenienses a acusação de que tinha sido por conselho dos Alcmeónidas que eles idealizaram este plano: combinados com os Persas, ter-lhes-iam feito sinais com um escudo[236], quando eles já se encontravam a bordo.
116.1   Estes dobraram, então, o Súnion, mas os Atenienses avançaram a pé o mais depressa que puderam a fim de socorrerem a cidade e conseguiram lá chegar antes dos bárbaros[237]; e assim, depois de partirem de um templo de Héracles, em Maratona, foram acampar junto de um

---

[233] Era no centro que os Persas colocavam geralmente as tropas de elite. Os Sacas ou Citas asiáticos figuram entre as tropas escolhidas por Mardónio (8.113.2).

[234] Irmão do tragediógrafo Ésquilo. Plínio (*História Natural,* 35.57) fala dele como um dos *duces*, mas do silêncio de Heródoto e das outras autoridades poderá deduzir-se que ele não seria um dos estrategos. *Vide* Nenci *ad loc.*

[235] Para deixar o molhe, os barcos, que tinham a proa orientada para terra, primeiro recuavam e só depois é que viravam. Foi no decurso desta última manobra que Cinegiro viria a perecer.

[236] Era costume os marinheiros atenienses usarem escudos brilhantes, para fazer sinais a partir de pontos elevados. Sobre as objecções de Heródoto a esta acusação, *cf. infra* cap. 121. Evans, "Herodotus", 289, pensa que a tradição relativa ao sinal com o escudo se deve mais a interesses políticos que a factos históricos.

[237] A distância entre Maratona e Atenas ronda os quarenta quilómetros, o que constitui uma distância demasiado elevada para ser percorrida depois de um dia de acesa batalha, e nem os Atenienses se afastariam antes de terem a certeza de quais eram as reais intenções

outro templo de Héracles, o de Cinosarges. Quanto aos Bárbaros, chegaram com os barcos por alturas de Falero (que então servia de porto aos Atenienses) e aí ancoraram os navios; depois, tomaram o caminho de regresso à Ásia.

Nesta batalha de Maratona pereceram, do lado dos Bárbaros, cerca de seis mil e quatrocentos homens, e, dos Atenienses, cento e noventa e dois[238]. Foram quantos caíram de ambas as partes. E foi aí que aconteceu dar-se este facto surpreendente: certo Ateniense, de nome Epizelo, filho de Cufágoras, que combatia no meio da refrega de forma valorosa, veio a perder a vista, sem ter sido ferido em nenhuma parte do corpo, nem de perto nem de longe; desde então, ficaria cego para o resto da vida. Ouvi dizer que ele, ao comentar este acontecimento, afirmava o seguinte: que lhe parecia ter encontrado pela frente um hoplita gigante, cuja barba ensombrava todo o escudo, e que esta visão passou por ele e matou a pessoa que estava ao seu lado. Segundo me informaram, era esta a história de Epizelo[239].

Avançava Dátis com a frota para a Ásia, quando, junto a Míconos[240], teve uma visão durante o sono. Qual tenha sido a visão, não se conta, mas ele, assim que o dia começou a brilhar, fez uma busca aos navios e, ao descobrir, num barco fenício, uma estátua dourada de Apolo, tratou de informar-se sobre o lugar onde fora pilhada. E, ao tomar conhecimento de que santuário ela provinha, dirigiu-se com a sua nau para Delos. Ora acontecia que, entretanto, os Délios tinham regressado à sua ilha, pelo que ele colocou a imagem no santuário e ordenou aos habitantes de Delos que levassem a estátua a Délion, que fica no território

117.1

2

3

118.1

2

---

dos Persas. Por outro lado, a viagem pelo Súnion corresponde a percorrer cerca do triplo da distância. Por essa razão, How-Wells são de opinião de que a viagem deve ter acontecido no dia seguinte ao confronto de Maratona.

[238] Os números apontados por Heródoto poderão ser correctos. O equipamento dos Bárbaros não estava preparado para uma luta corpo-a-corpo, pelo que avançaram para um massacre, e as baixas podiam ser facilmente contabilizadas no campo de batalha. Por outro lado, a precisão do número de caídos do lado ateniense faz pensar num documento oficial consultado pelo historiador, talvez uma estela dedicada aos heróis que aí haviam tombado. Sobre a possível relação aritmética entre o montante de caídos de ambos os lados, *vide* Harry C. Averil, "The number of Persian dead at Marathon", *Historia* 22 (1973) 756, cujos argumentos são ampliados e ordenados por William F. Wyatt, Jr., "Persian dead at Marathon", *Historia* 25 (1976) 483-484.

[239] Macan *ad loc.* salienta que a história de Epizelo é verosímil, recordando que há notícia de casos autênticos de cegueira parcial ou total como consequência de visões; ao historiador cabe o registo, ao psicólogo a explicação do fenómeno.

[240] Pequena ilha das Cíclades, a nordeste de Delos. Sobre o sonho que a seguir se relata, *vide supra* p. 39.

3   dos Tebanos, junto ao mar em frente de Cálcis. Depois de ter dado estas ordens, Dátis fez-se de novo ao mar, mas os habitantes de Delos não devolveram a estátua; foi apenas vinte anos mais tarde que os próprios Tebanos, no seguimento de um oráculo, a levaram para Délion.

119.1   Dátis e Artáfrenes, assim que aportaram às costas da Ásia, conduziram a Susa os escravos feitos em Erétria. O rei Dario, já antes de os Erétrios se terem tornado prisioneiros de guerra, mantinha contra eles um profundo ressentimento, pois tinham sido eles os primeiros a tomar
2   a ofensiva. Mas quando os viu na sua presença, submissos ao seu poder, não meditou em mais nenhum castigo senão em ordenar simplesmente que se estabelecessem na região da Císsia, numa propriedade sua de nome Arderica[241], que fica à distância de duzentos e dez estádios de Susa e a quarenta do poço que produz três tipos de substâncias. Na verdade, dele extraem asfalto, sais e óleo mineral[242], da maneira seguinte:
3   procede-se à sua extracção com a ajuda de uma bomba, à qual está ligada, em vez de uma selha, a metade de um odre; depois de mergulhado, é com este odre que se retira o produto que, a seguir, se coloca num reservatório; é separado ao sair deste reservatório e segue três vias diferentes: o asfalto e os sais solidificam de imediato, enquanto que o óleo não. Os Persas apelidam este óleo de *rhadinakê*; é negro e exala um
4   cheiro forte. Foi nesta localidade que o rei Dario estabeleceu os Erétrios e ainda no meu tempo eles ocupam essas terras, mantendo a sua antiga língua[243]. E foi este o destino dos Erétrios.

120.1   Dos Lacedemónios, vieram dois mil para Atenas, depois do plenilúnio; estavam com tal pressa em chegar que fizeram o caminho de Esparta até à Ática em apenas três dias. Apesar de terem comparecido demasiado tarde para participar no combate[244], eles desejavam, à mesma, ver os Medos; foram então até Maratona e aí os puderam apreciar[245]. Em seguida, louvaram os Atenienses pelo sucesso e regressaram a casa.

---

[241] Não confundir esta região com outra, homónima, situada sobre o Eufrates (*cf.* 1.185).

[242] Petróleo.

[243] Diodoro (17.110.4) afirma que alguns Beócios, estabelecidos por Xerxes para além do Tigre, ainda usavam a língua-mãe quando Alexandre passou por aquelas paragens, isto é, cerca de um século e meio mais tarde, facto que denota a preocupação de manterem uma identidade própria. *Vide* Nenci *ad loc.*

[244] Platão afirma que eles chegaram com um dia de atraso (*Leis*, 698e; *Menéxeno*, 240b). Isócrates (*Panegírico*, 87) aceita que em três dias e três noites se possa ter percorrido em marcha forçada os mil e duzentos estádios de distância, mas ainda assim é um proeza notável, pelo que o desejo dos Lacedemónios de ajudar os Atenienses parecia, de facto, genuíno. *Cf.* cap. 106.

[245] Portanto, não estariam ainda sepultados.

Surpreende-me[246] e não consigo mesmo aceitar a alegação de que os Alcmeónidas terão feito aos Persas um sinal combinado, levantando o escudo, com a intenção de que os Atenienses ficassem submetidos aos Bárbaros e a Hípias. Logo eles, que mostraram ser mais ou, pelo menos, tão contrários aos tiranos quanto Cálias, filho de Fenipo e pai de Hiponico. Cálias, de facto, quando Pisístrato foi expulso de Atenas, tinha sido o único de entre todos os Atenienses a ter coragem para comprar os seus bens, vendidos pelo leiloeiro em hasta pública, como, noutras ocasiões ainda, contra ele engendrara os expedientes mais odiosos. 121.1

2

[Este Cálias[247] merece que todos o conservem sempre na memória. Antes de mais, por aquilo que acima se disse, onde se mostrou um zeloso agente da libertação da pátria; depois, pelos seus feitos em Olímpia: conseguiu a vitória na corrida de cavalos, ficou em segundo na de quadrigas e já antes arrebatara os louros nos Jogos Píticos, tornando-se famoso aos olhos de todos os Gregos pelos suas despesas desmesuradas. Também na relação com as suas filhas – em número de três – se mostrou um homem singular: quando chegaram à idade de se casar, deu a cada uma delas um dote soberbo e concedeu-lhes a graça de se casarem com o homem que elas quisessem escolher para marido entre todos os Atenienses.] 122.1

2

E os Alcmeónidas odiavam os tiranos de forma igual ou, pelo menos, de maneira não inferior à dele. Daí a minha surpresa e repulsa em aceitar a acusação de que tenham feito sinais levantando o escudo, eles que durante todo o tempo de governo dos tiranos andaram fugidos[248] e que, com um estratagema seu, fizeram com que os Pisistrátidas abandonassem o poder. Por esta razão, foram eles os libertadores de 123.1

2

---

[246] Capítulos 121-124: o problema do sinal feito aos Persas com um escudo; defesa da reputação dos Alcmeónidas. A argumentação de Heródoto assenta na ideia de que os Alcmeónidas odiavam os bárbaros e os tiranos, mas a estratégia revela-se irónica e fracamente persuasiva. Pouco depois (cap. 125), o historiador relata as ligações de membros da família com Creso, que fora o primeiro bárbaro a submeter alguns Gregos (*cf.* 1.6.2), e com Clístenes, tirano de Sícion (cap. 126 sq.), ignorando, também por aparente conveniência, a incómoda aliança com Pisístrato (1.60).

[247] Este capítulo é considerado espúrio pela generalidade dos editores e comentadores. Embora concordemos com essa posição, resolvemos assinalar a interpolação (que talvez derive do comentário de algum leitor antigo) e traduzir o passo, pois os factos relatados podem ser verdadeiros, apesar de não serem da responsabilidade de Heródoto.

[248] *Cf.* 5.62.2. Os Alcmeónidas não estiveram exilados durante todo o período da tirania, mas somente desde a segunda restauração do poder por Pisístrato até à expulsão dos seus filhos.

Atenas, muito mais que Harmódio e Aristogíton, na minha perspectiva[249]. Na verdade, estes, ao matarem Hiparco, exasperaram os restantes Pisistrátidas, sem fazerem nada mais para pôr termo à sua tirania; porém, os Alcmeónidas foram claramente os libertadores, se é verdade que foram mesmo eles que convenceram a Pítia a ordenar aos Lacedemónios que livrassem Atenas, da forma que acima referi[250].

124.1 Mas talvez alguém afirme que eles, por terem alguma coisa contra o povo de Atenas, optariam por trair a pátria. Bem pelo contrário, não havia entre os Atenienses pessoas mais respeitáveis ou que fossem mais
2 honradas do que eles. E assim, também não há nenhuma razão para aceitar que tenham sido eles a levantar o escudo, da maneira que se lhes imputa. Foi, de facto, erguido um escudo em sinal, e não se pode dizer o contrário: aconteceu mesmo. Mas lá quanto a saber quem o elevou, nada tenho a acrescentar ao que já disse.

125.1 Os Alcmeónidas[251] eram, desde há muito tempo, pessoas ilustres em Atenas, mas a partir de Alcméon e de Mégacles tornaram-se ainda
2 mais respeitáveis. Assim, Alcméon, filho de Mégacles, dispensou ajuda e zelosa colaboração aos Lídios vindos de Sardes, da parte de Creso, a fim de consultarem o oráculo de Delfos; e Creso, ao tomar conhecimento, através dos Lídios que consultaram os oráculos, do auxílio que ele prestara, fez com que Alcméon viesse a Sardes e, mal este chegou, deu-lhe de presente todo o ouro que ele fosse capaz de levar sobre a sua
3 pessoa de uma só vez. Alcméon, perante uma oferta nestes termos, valeu-se do seguinte expediente: vestiu uma grande túnica e nela deixou uma prega profunda, calçou os coturnos mais largos que conseguiu encontrar
4 e assim entrou no interior da câmara do tesouro para onde o conduziram. E, atirando-se para cima de um monte de ouro em pó, primeiro meteu à volta das pernas tanto ouro quanto os coturnos puderam aguentar; depois, encheu também toda a prega da túnica, polvilhou a cabeça com pó de ouro, levou outro pedaço à boca e saiu do tesouro, a custo arrastando os coturnos, mais semelhante a tudo que a um ser humano: tinha a boca
5 atulhada de ouro e estava inchado por todo. Ao vê-lo, Creso não conteve o riso; e não só lhe deu tudo quanto ele trouxera como ainda lhe ofereceu

---

[249] Os tiranicidas gozavam de grande popularidade em Atenas, pelo que se revela particularmente significativo o facto de Heródoto antepor ao seu feito a acção dos Alcmeónidas. Tucídides (6.54), no entanto, nega igualmente que Harmódio e Aristogíton tenham libertado Atenas e aponta como motivação para o seu acto de audácia uma questão passional.

[250] *Cf.* 5.62-63.

[251] Capítulos 125-131: eventos ligados à casa dos Alcmeónidas. Creso e Alcméon (125); disputa da mão de Agarista (126-131).

outros presentes em nada inferiores àquele. Foi assim que esta casa se enriqueceu desta maneira e que o próprio Alcméon se tornou criador de cavalos de quadriga e arrebatou a vitória numa Olimpíada[252].

Depois dele, na geração seguinte, Clístenes, tirano de Sícion, elevou tanto o nome da família, que ela se tornou entre os Helenos muito mais famosa do que o era até então. De facto, a Clístenes, filho de Aristónimo, filho de Míron, filho de Ândreas, nasceu uma filha, de nome Agarista[253]. Para ela, procurou encontrar o melhor partido entre todos os Helenos e dar-lha em casamento. Durante a realização dos Jogos Olímpicos, onde se sagrara vencedor na corrida de quadrigas, Clístenes fez proclamar por um arauto que quem, de entre os Helenos, se julgasse digno de se tornar genro de Clístenes, aparecesse, dentro de sessenta dias ou mesmo antes, em Sícion, pois Clístenes pretendia decidir o casamento no prazo de um ano a partir do sexagésimo dia. Então, todos os Helenos que tinham confiança nas próprias capacidades e nas da sua linhagem, apresentaram-se como pretendentes. Para eles, Clístenes mandara construir uma pista de corrida e uma palestra de propósito para o evento.

126.1

2

3

De Itália, veio Esmindírides, filho de Hipócrates de Síbaris, um homem que tinha elevado ao mais alto grau o refinamento (Síbaris, por aquela altura, gozava o máximo do seu esplendor); e veio ainda Dâmaso de Síris[254], filho de Âmiris, dito o Sábio. Estes vieram de Itália; do golfo do Iónio[255], Anfimnesto, filho de Epístrofo de Epidamno; este veio, portanto, do golfo do Iónio. Da Etólia – onde Titormo superava pelo seu vigor natural todos os Gregos e se refugiou do contacto humano nas zonas mais remotas da região – veio Males, irmão desse Titormo. Do Peloponeso, Leocedes, filho de Fídon, tirano de Argos, daquele Fídon que estabeleceu as medidas para os Peloponésios e, entre todos os Gregos, se comportou com mais insolência, pois foi quem destituiu os agonótetas[256] de Élide, para dirigir ele mesmo os Jogos Olímpicos; o filho deste, portanto, e Amianto, filho de Licurgo, árcade de Trapezunte;

127.1

2

3

---

[252] Que Alcméon seja o iniciador da grande fortuna da família é sugerido pelo nome que a identifica: Alcmeónidas. O episódio, contudo, deverá ser uma explicação cómica do enriquecimento devido às benesses do rei da Lídia ou ao comércio com Sardes. Sobre as dificuldades cronológicas levantadas por esta história, *vide* Macan e How-Wells *ad loc.*

[253] Alguns comentadores têm sugerido que esta história é decalcada na de Penélope e na dos pretendentes que disputavam a sua mão, devido à prolongada ausência de Ulisses.

[254] Cidade situada entre Síbaris e o Metaponto.

[255] O Adriático.

[256] Magistrados incumbidos de organizar ou de presidir aos jogos públicos. Sobre os problemas levantados por este Fídon (cuja datação oscila entre a primeira metade do séc. VII a.C. e a viragem para o séc. VI), *vide* Macan e Nenci *ad loc.*

e da Azânia[257], da cidade de Péon, Láfanes, filho de Eufórion, o qual, segundo se conta na Arcádia, teria recebido em sua casa os Dioscuros[258] e, desde então, dava hospitalidade a qualquer forasteiro; e, de Élide,
4 Onomasto, filho de Ageu. Estes, por conseguinte, vieram do próprio Peloponeso, enquanto que de Atenas chegaram Mégacles, filho daquele Alcméon que foi chamado ao palácio de Creso, e um outro, Hipoclides, filho de Tisandro, famoso entre os Atenienses pela riqueza e pela figura. Da Erétria, por aquela altura florescente, Lisânias, o único a vir da Eubeia. Da Tessália, veio Diactórides de Cránon, da família dos Escópadas; da Molóssia, Álcon.

128.1 Eram estes, portanto, os pretendentes. Quando eles se apresentaram no dia combinado, Clístenes informou-se, antes de mais, sobre a sua pátria e sobre a estirpe de cada um. Em seguida, manteve-os junto de si durante um ano e pôs à prova a sua coragem, espírito, educação e maneiras, ocupando-se de cada um em separado e de todos em conjunto; orientava nos exercícios físicos os que eram mais jovens e, em especial, observava o seu comportamento em sociedade. Durante todo o período em que os manteve junto de si, teve sempre estes cuidados e, sobretudo,
2 acolheu-os principescamente. De entre todos os pretendentes, agradavam-lhe particularmente os que vinham de Atenas e, destes, distinguia em especial Hipoclides, filho de Tisandro, não só pelos méritos pessoais, mas também porque ainda era aparentado com os Cipsélidas de Corinto[259].

129.1 Quando chegou o dia combinado para o banquete nupcial, e onde o próprio Clístenes iria revelar a sua escolha, este, depois de fazer um sacrifício de cem bois, ofereceu um banquete magnífico aos pretendentes
2 e a todos os habitantes de Sícion. Depois de terminarem a refeição, os pretendentes entretiveram-se com concursos de música e conversas de mesa[260]. Enquanto se continuava a beber, Hipoclides, que centrava em si a atenção muito mais do que os outros, pediu ao flautista que o acompanhasse à flauta numa dança[261], e, depois de o convencer, pôs-se a dançar. Ele dançava com ar de satisfação, mas Clístenes, ao observar
3 todo o espectáculo, estava com um ar desconfiado. Depois de parar

---

[257] Distrito da parte ocidental da Arcádia; Péon fica a noroeste e Trapezunte a sudoeste.

[258] Como o próprio nome indica, são os "filhos de Zeus", Castor e Pólux. Nasceram dos amores de Zeus e de Leda e são irmãos de Helena e Clitemnestra.

[259] Hipoclides era um Filaída e estes e os Cipsélidas partilhavam a mesma origem.

[260] Discussão de assuntos que interessavam a toda a assistência, e não apenas ao vizinho do lado (anedotas, enigmas, discussões várias).

[261] 'Εμμέλεια: é um termo técnico que designa um tipo de música mais mesurada, à letra 'dança trágica' (cf. Platão, *Leis* 7.816b).

durante algum tempo, Hipoclides ordenou que trouxessem uma mesa e, assim que esta chegou, primeiro começou a executar em cima dela passos de danças lacónicas; em seguida, outros da Ática[262] e, em terceiro lugar, depois de apoiar a cabeça sobre a mesa, pôs-se a gesticular com as pernas. Clístenes que, quando ele dançava pela primeira e segunda vez, já aborrecia a ideia de que Hipoclides pudesse vir a tornar-se seu genro (por causa daqueles meneios e falta de decoro), foi-se dominando, pois não queria ser duro com ele; mas quando o viu a gesticular com as pernas, não conseguiu conter-se mais e exclamou: «Ó filho de Tisandro, com esta dança deitaste a perder o teu casamento!» Ao que Hipoclides replicou: «Para Hipoclides tanto faz.» É daqui que deriva este provérbio.

Em seguida, Clístenes pediu silêncio e falou nestes termos perante todos: «Pretendentes da minha filha, a todos vocês eu louvo e – caso isso fosse possível – a todos eu gostaria de agradar, sem escolher em especial nenhum de vocês e sem preterir os demais. Mas, já que não é possível decidir o destino de uma só filha e fazer também a vontade a todos, aos que ficarem excluídos destas núpcias eu darei de presente um talento de prata, em prova da minha estima por terem pensado em casar com alguém do meu sangue e por se manterem afastados de casa. E a Mégacles, filho de Alcméon, dou em casamento a mão da minha filha Agarista, segundo as leis atenienses[263].» Como Mégacles declarasse que aceitava, foi celebrado o casamento por Clístenes.

Quanto à escolha entre os pretendentes, as coisas passaram-se deste modo e foi assim que os Alcmeónidas ficaram famosos na Hélade. Desta ligação nasceu Clístenes, que instituiu as tribos e a democracia em Atenas[264]; o seu nome provinha do avô materno de Sícion. Além deste filho, Mégacles também teve Hipócrates; de Hipócrates nasceram outro Mégacles e outra Agarista (que tinha o nome da Agarista filha de Clístenes). Esta casou com Xantipo, filho de Arífron, e, quanto estava grávida, teve uma visão durante o sono, onde lhe parecia que ia dar à luz um leão[265]: de facto, alguns dias depois, deu à luz Péricles, filho de Xantipo.

---

[262] As danças lacónicas seriam do tipo de marcha militar, enquanto as áticas teriam um carácter cómico (Macan *ad loc.*).

[263] As palavras de Clístenes indicam que, nesta altura, o casamento com alguém que não fosse ateniense gozava ainda de toda a legitimidade. Por proposta de Péricles e por causa do número crescente de cidadãos, decidiu-se, em 451 a.C., que apenas os filhos de pai e mãe atenienses seriam cidadãos de pleno direito (*cf.* Aristóteles, *Constituição dos Atenienses*, 26).

[264] *Cf.* 5.69.

[265] Símbolo de realeza. How-Wells salientam a possibilidade de ver na exaltação de Péricles a chave para entender a defesa e glorificação dos Alcmeónidas, adiantando a

132.1   Depois[266] da derrota infligida em Maratona, Milcíades, que já antes gozava de boa imagem em Atenas, tornou-se ainda mais considerado. Pediu, então, aos Atenienses setenta barcos, tropas e fundos, sem os elucidar sobre contra que terra pensava fazer a expedição; disse apenas que os tornaria ricos se aceitassem segui-lo, pois ia levá-los a uma região tal de onde poderiam trazer, com facilidade, ouro em abundância. E era nestes termos que ele requisitava os navios. Os Atenienses, enleados por tais promessas, acederam.

133.1   Assim que recebeu a frota, Milcíades navegou em direcção a Paros[267], com o pretexto de que tinham sido eles os primeiros a iniciar as hostilidades ao acompanharem com uma trirreme o Persa na expedição a Maratona. Mas essa acusação não passava de uma escusa, pois ele tinha um certo ressentimento contra os Pários por causa de Liságoras, filho de Tísias e originário de Paros, que o havia caluniado junto do

2   persa Hidarnes[268]. Milcíades, ao chegar ao destino da expedição, sitiou com o exército os Pários, que se recolheram no interior das muralhas; enviou, então, um arauto a exigir cem talentos, ameaçando que, se os não entregassem, o exército não levantaria o cerco antes de os arrasar.

3   Mas os Pários não pensaram sequer em pagar o dinheiro a Milcíades, mas sim em tomar medidas para defender a cidade; entre outras coisas, dispensaram especial atenção ao ponto da muralha que era mais vulnerável e, a coberto da noite, levantaram-no para o dobro da altura anterior.

134.1   Ora, até este ponto da narração, todos os Helenos afirmam o mesmo; daqui para a frente, apenas os Pários dizem que os acontecimentos evoluíram da forma seguinte[269]: estava Milcíades a braços com dificuldades, quando se apresentou para falar consigo uma prisioneira de guerra, natural de Paros e chamada Timo, que era

---

hipótese de que este excurso (capítulos 121-131) ou, pelo menos, os pormenores relativos ao casamento (126-131), foram inseridos na história quando a antiga acusação contra os Alcmeónidas constituía arma política nas mãos dos inimigos de Péricles (cerca de 432-30 a.C.).

[266] Capítulos 132-136: a expedição de Milcíades contra Paros; o fracasso da empresa militar; o processo movido contra Milcíades e as circunstâncias da sua morte.

[267] Uma das Cíclades mais importantes, famosa na antiguidade pelo seu mármore, e que na altura era próspera (*cf.* Heródoto 3.57; 5.62).

[268] Filho de um dos sete conjurados (*cf.* 3.70) e que se encontrava à frente das tropas provenientes das regiões costeiras da Ásia (7.135).

[269] How-Wells salientam que o relato da expedição a Paros denota certas características muito próprias de Heródoto: a atribuição de importantes eventos a pequenas tricas pessoais (o rancor de Milcíades) e a preferência por uma versão do episódio (a de Paros) que justifica o desenrolar dos acontecimentos através da interferência divina.

sacerdotisa auxiliar das deusas Ctónias[270]. Esta mulher teria vindo à presença de Milcíades para lhe dar o conselho de que, se fazia muita questão em tomar Paros, então que agisse conforme ela recomendava. Depois dessas instruções, ele avançou para a colina que se encontra em frente da cidade e saltou por cima do muro do precinto de Deméter Tesmofória; ao ver que não conseguia abrir as portas, saltou de novo e dirigiu-se à câmara do templo para fazer qualquer coisa lá dentro, fosse para retirar os objectos sagrados fosse com outra intenção. Quando se encontrava de novo junto das portas, invadiu-o subitamente um arrepio, refez rapidamente o caminho de volta e, ao saltar o muro de pedras, desmanchou uma anca. Outros, porém, afirmam que ele se feriu no joelho[271].

 Então Milcíades, em estado lastimoso, regressou ao mar e fez o caminho de volta, sem trazer riquezas aos Atenienses e sem conquistar Paros, tendo apenas mantido o sítio durante vinte e seis dias e devastado a ilha. Os Pários, ao saberem que a sacerdotisa auxiliar das deusas – Timo – tinha orientado Milcíades, quiseram puni-la por esse acto e enviaram mensageiros a Delfos, logo que, terminado o cerco, recuperaram a segurança. Enviaram-nos para indagar se deveriam punir com a morte a sacerdotisa auxiliar das deusas, por ter conduzido os inimigos na tomada da pátria e por ter revelado a Milcíades os ritos sagrados interditos ao sexo masculino. Mas a Pítia não o permitiu, afirmando que Timo não era a causa destes males, mas que, como Milcíades estava destinado a acabar mal, tinha-lhe aparecido uma imagem[272] a fim de o guiar para a perdição. Foi, portanto, este o oráculo que a Pítia concedeu aos Pários[273].

 Quando Milcíades regressou de Paros, andava na boca de todos os Atenienses, e, entre outros, sobretudo na de Xantipo[274], filho de Arífron, que levou Milcíades perante o povo e lhe moveu uma acusação capital por ter enganado os Atenienses. Mas Milcíades, embora estivesse presente, não se defendia (estava incapacitado pela gangrena que lhe atacava a anca); enquanto ele jazia estendido num leito, os amigos trataram da sua defesa, recordando os pormenores da batalha de Maratona, a tomada de Lemnos e como, depois da conquista de Lemnos e da vingança sobre os Pelasgos, a consagrou aos Atenienses. O povo

---

[270] Deméter e Perséfone.
[271] Milcíades viria a morrer de gangrena, provocada possivelmente por esta ferida.
[272] Um espectro de Timo e não ela própria.
[273] Sobre este episódio, *vide supra* p. 47.
[274] Xantipo, pai de Péricles (*cf. supra* 131.2); a inimizade entre estas duas facções ainda se mantinha na geração seguinte, com Péricles e Címon.

colocou-se do seu lado, livrando-o da acusação capital, mas, pela falta, multou-o em cinquenta talentos[275]. Entretanto, Milcíades, minado pela gangrena e com a anca a entrar em decomposição, acabou por morrer; os cinquenta talentos foram pagos pelo seu filho, Címon.

137.1 Milcíades, filho de Címon, tomou Lemnos da seguinte maneira: os Pelasgos tinham sido expulsos da Ática pelos Atenienses – fosse com justiça ou sem ela. Sobre esta questão nada tenho a dizer a não ser o que se conta: que Hecateu[276], filho de Hegesandro, utiliza nas suas histórias

2 a expressão «injustamente». Ou seja, quando os Atenienses repararam na região que ficava no sopé do Himeto e que eles próprios tinham dado aos Pelasgos[277] para habitar, como recompensa por terem estendido as muralhas à volta da acrópole[278]; portanto, quando os Atenienses viram essas terras bem tratadas, e que inicialmente eram más e sem utilidade, foram dominados pela inveja e pelo desejo de recuperarem os terrenos, tratando de os expulsar sem abonarem qualquer outro pretexto. Pelo que

3 dizem os próprios Atenienses, foram expulsos justamente. De facto, os Pelasgos que habitavam o sopé do Himeto de lá se lançavam com ofensas do seguinte teor: na altura, era costume as filhas[279] dos Atenienses irem buscar água à «Fonte das nove bicas»[280]. (Na realidade, por aquela altura, ainda não possuíam escravos, nem eles nem os outros Helenos[281].) Ora quando aquelas se metiam ao caminho, os Pelasgos insultavam-nas com descaramento e desdém. E não se contentaram com estes desacatos, mas, para o fim, foram apanhados em flagrante quando preparavam uma

4 conspiração. Neste diferendo, os Atenienses mostraram-se até bem mais

---

[275] O preço elevado da multa deve ter sido sugerido pela própria defesa, a fim de evitar a pena capital.

[276] Hecateu de Mileto insere-se na tradição dos historiógrafos e é autor de umas *Genealogias* e de uma *Descrição da Terra*, organizada em duas partes (Europa e Ásia) e ilustrada com uma mapa. O seu grande título de glória foi a criação de uma cronologia (fundamental para organizar os acontecimentos no tempo) por gerações de quarenta anos.

[277] Os Pelasgos teriam sido expulsos da Beócia sessenta anos após a queda de Tróia (*cf.* Tucídides, 1.12).

[278] Tradicionalmente, atribuía-se a construção da mais antiga muralha da Acrópole aos Pelasgos.

[279] Concordamos com a expunção de τε καὶ τοὺς παῖδας, proposta pela generalidade dos editores, embora Rosén mantenha a lição. As ofensas às «filhas» tornavam-se mais claras se elas se dirigissem sozinhas à fonte.

[280] O nome aludia às obras de conduta de água levadas a cabo pelos Pisístratos (Tucídides, 2.15). Antes disso, a fonte chamava-se Calírroe, 'de bela corrente'.

[281] Os escravos já aparecem referidos claramente nos Poemas Homéricos. Talvez Heródoto esteja a pensar numa idade de ouro ou, mais provavelmente, a opor a simplicidade primitiva à opulência dos seus dias (*cf.* 8.137).

correctos que eles, pois quando tiveram o direito de matar os Pelasgos, ao apanhá-los a conspirar, não o quiseram fazer, antes os intimaram a sair da região. E eles, depois de terem evacuado, ocuparam outras terras, entre as quais se encontra Lemnos. A primeira versão é de Hecateu; a última é a que sustentam os Atenienses.

Estes Pelasgos que agora ocupavam Lemnos quiseram vingar-se **138**.1 dos Atenienses e, como bons conhecedores das festividades atenienses, muniram-se de grandes navios e montaram uma emboscada às mulheres de Atenas que celebravam uma festa em honra de Ártemis, em Bráuron; depois de aí raptarem muitas delas, fizeram-se ao mar e levaram-nas para Lemnos, onde as mantiveram como concubinas[282]. Mas estas 2 mulheres, à medida que aumentava o número de filhos, ensinavam às crianças a língua ática e os costumes dos Atenienses. E aquelas também não queriam misturar-se com os filhos das mulheres dos Pelasgos; se algum deles fosse maltratado por estes, vinham todos em sua ajuda e defendiam-se uns aos outros; além disso, julgavam-se no direito de comandar os outros rapazes e eram-lhes em muito superiores[283]. Mal se 3 aperceberam desta situação, os Pelasgos consultaram-se entre si e, enquanto deliberavam, instalou-se no seu espírito um receio: se as crianças já tomavam a iniciativa de se ajudarem mutuamente contra os filhos das mulheres legítimas e mesmo agora tentavam dominá-los, de que não seriam eles capazes quando se tornassem homens feitos? Decidiram, então, matar os filhos das mulheres áticas. E assim 4 procederam, massacrando também as mães deles. Foi por este crime e por causa de um outro anterior, levado a cabo pelas mulheres, no tempo de Toas, ao assassinarem os próprios maridos, que na Grécia se tornou costume designar por «lémnios» todos os actos de crueldade extrema[284].

Mas, depois de os Pelasgos matarem os próprios filhos e as **139**.1 mulheres, nem a terra dava fruto nem as mulheres e os rebanhos eram tão férteis como outrora. Apertados pela fome e pela falta de crianças,

---

[282] A história pode derivar de reminiscências de costumes primitivos, numa altura em que o homem roubava a mulher numa tribo diferente da sua (exogamia). *Cf.* How--Wells *ad loc.*

[283] A lenda, inventada pelos Atenienses para justificar o seu domínio sobre Lemnos, faz das crianças áticas os senhores naturais do lugar.

[284] Segundo a tradição mais difundida, Toas teria nascido na ilha de Lemnos e aí reinado. Da sua ligação com Mirina nasceu-lhe uma filha, Hipsípile. Quando as mulheres da ilha decidiram massacrar todos os homens, na sequência de uma maldição enviada por Afrodite, Hipsípile optou por salvar o pai, dando-lhe a espada com que o deveria matar e dissimulando-o no templo de Dioniso. Ao tomarem conhecimento de que Toas tinha sido poupado, as Lémnias venderam Hipsípile como escrava.

enviaram emissários a Delfos para buscar uma forma de se libertarem
2   da desgraça que os afligia. A Pítia aconselhou-os a pagarem aos Atenienses a reparação que os próprios Atenienses fixassem. Em consequência, os Pelasgos dirigiram-se a Atenas e declararam estar
3   dispostos a reparar todo o mal que causaram. Então, os Atenienses estenderam no Pritaneu o leito mais rico que tinham, colocaram ao lado uma mesa recheada com o que há de melhor e instaram os Pelasgos a entregar-lhes a sua terra em condições semelhantes. Os Pelasgos replicaram nestes termos: «Quando, ao sopro do vento Bóreas[285], um barco fizer, num só dia, a distância que vai da vossa terra à nossa, nessa altura a entregaremos.» Estavam bem cientes de que isso não podia acontecer; na verdade, a Ática situa-se muito a sul de Lemnos[286].

140.1   Na altura, as coisas ficaram por ali. Porém, muitos anos mais tarde[287], quando o Quersoneso do Helesponto ficou debaixo do domínio ateniense, Milcíades, filho de Címon, na estação dos ventos etésios[288], fez de barco a viagem de Eleunte, no Quersoneso, até Lemnos e instigou os Pelasgos a abandonarem a ilha, recordando-lhes o oráculo, que eles
2   jamais pensaram que pudesse vir a realizar-se. Os habitantes de Heféstia acederam; mas os de Mirina[289], que não reconheciam o Quersoneso como território ático, foram sitiados, até que também eles se renderam. E foi deste modo que os Atenienses e Milcíades tomaram Lemnos[290].

---

[285] Vento que soprava do norte.

[286] Sobre este episódio, *vide supra* p. 46-47.

[287] Cerca de 500 a.C.

[287] Ventos periódicos que, de verão, sopram sobre o Mediterrâneo oriental em direcção ao nordeste.

[289] Heféstia e Mirina eram as duas cidades existentes na ilha, uma a norte e outra a oeste.

[290] Macan *ad loc.* salienta a habilidade artística com que Heródoto narra a conquista de Lemnos. Entre outros aspectos, são de notar a restauração do interesse da narrativa com estes feitos mais heróicos que se seguiram ao fim miserável que acometera o vencedor de Maratona; por outro lado, o episódio constitui uma pausa na história principal, fazendo um corte enfático entre o Livro 6.º e o 7.º, tal como chegaram até nós.

ÍNDICE

Prefácio 9

Abreviaturas 11

Bibliografia geral selecta 13

Introdução 15
   1. Resumo-esquema 15
   2. A Batalha de Maratona e sua utilização política 20
   3. O oráculo de Apolo em Delfos e o
      Livro 6.º das *Histórias* de Heródoto 28

Histórias - Livro 6.º 51

Impressão e acabamento
da
CASAGRAF - Artes Gráficas, Unipessoal, Lda.
para
EDIÇÕES 70, Lda.
Setembro de 2000